쉴 만한 물가로

치유와 회복의 말씀

쉴 만한
물가로

코로나에 지친 당신, 위로와 희망이 필요한 당신,
영혼을 살리는 푸른 초장, 쉴 만한 물가로 초대합니다.

주학선 자

리터치하우스

여는 글

2020년 1월 20일 우리가 사는 인천에서 첫 신종 코로나바이러스 감염증 확진자가 나온 후 벌써 1년이 다 되었습니다. 마치 지난 한 해를 송두리째 코로나 감염병에 빼앗긴 것만 같습니다. COVID19 대확산으로 우리의 일상은 멈추었고, 아직도 전 세계가 코로나19의 굴레를 벗어나지 못하고 있습니다. 코로나 감염병의 확산으로 인해 처음으로 대면 예배가 금지되었을 때의 충격은 트라우마가 되었습니다. 하지만 코로나는 우리의 영적인 삶의 민낯을 보게 하였습니다. 교회의 교회됨을 돌아보게 하였습니다. 집안에 갇힌 생활은 오히려 수도원이 되어 하나님의 말씀을 사모하고, 주님의 음성을 마음으로 듣는 은혜의 시간이 되었습니다.

시편 23편은 감염병의 두려움과 미래에 대한 불안함, 경제적인 침체, 일상의 불편함에 빠진 우리에게 주님의 따뜻한 손길로 다가왔습니다. 3천 년 전에 다윗이 부른 믿음의 노래는 사망의 그늘진 골짜기를 지나는 우리를 든든히 지켜 주었습니다. 두려움과 위기 속에서 우리를 인도하였고 큰 위로가 되었습니다. 주님이 우리의 선한 목자이시고 우리가 주님의 양인 것이 얼마나 큰 은혜인지 고난 중에 깊이 깨달았습니다. 이제 우리에게는 코로나와 함께, 코로나 이후에도 넉넉히 믿음의 순례길을 걸을 용기와 확신이 생겼습니다. 지팡이와 막대기로 안위하시는 주님이 계심을 볼 수 있기 때문입니다. 잔이 넘치는 승리의 그날을 소망할 수 있기 때문입니다. 계속 걸어가는 믿음의 순례길에서 우리가 받은 은혜를 기억하기를 바랍니다. 우리의 여정에서 어둠의 골짜기를 걷게 될 때, 치열한 삶의 무게에 짓눌릴 때, 두려움과 의심이 일어날 때… 언제든 목자의 음성을 듣고 목자의 지팡이를 볼 수 있기를 바랍니다. 함께 손잡고 걷는 거룩한 순례의 길동무인 성도님을 진심으로 사랑하고 축복합니다.

차례

① 든든합니다!
주님은 나의 목자시니

l 여호와는 나의 목자시니 내게 부족함이 없으리로다 2 그가 나를 푸른 풀밭에 누이시며 쉴 만한 물가로 인도하시는도다 3 내 영혼을 소생시키고 자기 이름을 위하여 의의 길로 인도하시는도다 4 내가 사망의 음침한 골짜기로 다닐지라도 해를 두려워하지 않을 것은 주께서 나와 함께 하심이라 주의 지팡이와 막대기가 나를 안위하시나이다 5 주께서 내 원수의 목전에서 내게 상을 차려 주시고 기름을 내 머리에 부으셨으니 내 잔이 넘치나이다 6 내 평생에 선하심과 인자하심이 반드시 나를 따르리니 내가 여호와의 집에 영원히 살리로다.(시편 23:1-6)

눈에 보이지도 않는 미세한 바이러스, 신종 코로나19는 우리의 삶을 뒤죽박죽으로 만들었습니다. 매일 아침 뉴스앱을 열어 확진자 숫자를 확인하는 것이 일상이 되었습니다. 세상은 코로나로 인한 불안과 혼돈과 아픔의 소용돌이에 흔들리고 있습니다. 당연하고 평온하던 일상은 사라졌습니다. 우리의 공동체 예배는 중단된 채 얼굴을 볼 수 없고 악수도 할 수 없는 비대면 예배가 계속되고 있습니다. 우리의 물리적 거리 두기는 사회적 거리 두기가 되었고 소외와 외로움은 더욱 깊어지고 있습니다.

이렇게 코로나에 마음을 빼앗긴 사이 우리는 정작 중요한 것을 놓친 것은 아닐까요? 우리가 마스크를 구하려 애썼던 것보다 더 간절히 구해야 했던 것이 있지 않았을까요? 우리가 손 씻기보다 더 씻어야 했던 것은 없었을까요? 예기치 않은 코로나19의 습격에 정신을 놓았던 우리에게 정말로 중요했던 것, 그것은 바로 우리의 주님과의 관계였습니다. 우리가 그렇게 불안해하고, 두려워하고, 답답해하면서 일상의 안위와 평온을 찾느라 애썼던 그때 우리 뒤에는 여전히 아버지 하나님이 든든히 계셨습니다. 그리고 지금은 우리가 '아빠 아버지'를 향해 달려가야 할 시간입니다. 아기가 엄마 품에 안기듯, 어린 양이 목자 품에 안기듯, 하나님 아빠 품에 안길 때입니다.

시편 23편은 아빠 품에 안기는 노래입니다. 성도가 주님의 품에 안기는 시입니다. 과거나 미래가 아닌, 바로 지금의 두려움과 절망과 혼돈과 아픔 속에서도 주님 안에서 누리는 평안과 희망과 사랑의 고백입니다. 시편 23편의 위치는 특별합니다. "내 하나님이여

내 하나님이여 어찌 나를 버리셨나이까"로 시작되는 시편 22편은 고난받고 죽임 당하신 목자의 시입니다. 반면에 "문들아 너희 머리를 들지어다 영원한 문들아 들릴지어다 영광의 왕이 들어가시리로다. 영광의 왕이 누구시냐 만군의 여호와께서 곧 영광의 왕이시로다"로 끝나는 시편 24편은 승리의 영광을 노래하는 시로 다시 오시는 위대한 목자의 시입니다.

시편 22편은 십자가에서 고난을 겪으시고, 죽으시고, 부활하신 과거의 그리스도를 노래합니다. 시편 24편은 다시 오실 미래의 그리스도를 노래합니다. 그리고 시편 23편은 과거와 미래를 연결하는 현재의 그리스도를 노래합니다. 그리스도의 죽음과 부활의 은혜가 작동하는 현재입니다. 그리스도의 다시 오심에 대해 강력하게 작동하는 현재입니다. 현재 씨름하며 사는 모든 성도에게 시편 23편은 위로와 희망과 사랑의 복된 노래입니다. 유진 피터슨 목사님이 다윗의 영성을 가리켜 "현실에 뿌리박은(earthly) 영성"이라고 부른 것은 우연이 아닙니다. 시편 23편에는 다윗의 현재적 영성이 잘 드러나 있습니다. 시편 22편, 23편, 24편은 모두 다윗 왕의 시입니다.

시편 23편을 열어 보면 "다윗의 시"라는 표제어를 만납니다. 시편 23편은 다윗이 지은 가장 대표적인 시입니다. 많은 분이 이 시편을 '목자의 시'라고 부릅니다. 다윗은 어린 시절 목동 생활을 했습니다. 그의 아버지 이새도 역시 목자였습니다.(삼상 16:11) 하지만 우리가 일반적으로 생각하는 것과는 달리 시편 23편은 다윗이 목자였던 젊은 시절에 지은 노래가 아닙니다. 시편 23편에는 성숙한 신앙, 믿음의 아름다움, 인생의 쓰라리고 깊은 체험이 고스란히 들어 있기 때문입니다. 사망의 음침한 골짜기를 지난 경험과 원수의 목전에서 겪은 위기와 두려움이 그대로 배어나는 이 시편에는 분명 다윗이 인생의 쓴잔을 마시고, 깊은 질곡의 절망과 아픔과 슬픔을 지나면서도 누린 놀라운 평화와 만족과 기쁨과 승리가 담겨 있습니다. 그렇다면 시편 23편은 다윗이 인생의 성숙기에 지은 시로 보는 것이 자연스럽습니다.

이처럼 깊은 인생 경험에 숙성된 믿음의 노래이기에, 주님의 양인 성도라면 누구나 이 시편을 읽고, 읊조리고, 묵상하고, 암송할 때마다 형언할 수 없는 위로와 소망과 평안을 누립니다. 3천 년 전에 만들어진 이 시가 지금도 주님의 신실한 자녀들에게 이처럼 큰 용기와 위로와 소망을 준다는 것은 다윗의 현실이 인생의 깊은 골짜기에서 우리의 현실과 서로 연결되어 있기 때문입니다. 저는 심방할 때에 시편 23편을 가장 많이 들려줍니다. 성도들의 현실의 상황과 삶에 주는 놀라운 은혜가 담겨 있기 때문입니다.

여호와, 나의 목자!

|

"여호와는 나의 목자시니 내게 부족함이 없으리로다."

시편 23편은 '여호와!'로 시작합니다. '여호와(야웨)'는 하나님의 거룩하신 이름입니다. 다윗은 감히 하나님의 이름을 부릅니다. '여호와' 그분은 누구일까요? 어떤 분일까요? 그분이 자신의 목자가 된다는 말은 무슨 뜻일까요?

지난주에 우리는 에스겔 34장을 묵상하면 하나님께서 다윗을 이스라엘의 목자로 세우신다고 하신 말씀을 보았습니다. "내가 그들 위에 목자를 세워 그들을 먹이도록 하겠다. 그 목자는 내 종 다윗이다. 그가 친히 그들을 먹이고 그들의 목자가 될 것이다."(겔 34:23) 물론 이때는 이스라엘이 바빌론에 멸망한 때이므로, 다윗과 같은 새로운 왕, 혹은 다윗의 후손인 왕을 목자로 세워 주심으로 이스라엘을 회복시켜 주시려는 하나님의 자비하심을 표현한 것입니다.

이스라엘 최고의 '목자 왕'으로 알려진 다윗은 '여호와는 나의 목자(아도나이 로이)'로 노래를 시작합니다. 성경이 보여 주는 가장 친밀한 관계의 표현은 아버지와 자녀의 관계, 그리고 목자와 양의 관계입니다. 농경 문화였던 우리 문화권에서는 목축 문화에서 형성된 '목자와 양의 관계'가 그렇게 친숙하게 다가오지 않습니다. 하지만 목자와 양의 관계는 우리가 상상하는 것보다 훨씬 깊고 친밀하고 아름다운 관계입니다. 다윗이 "여호와는 나의 목자시니."라고 고백한 이 말은 단순한 표현이지만 그 깊이와 의미는 끝이 없는 거룩함을 지닌 말씀입니다. 무엇보다 이 말씀은 하나님과 우리 사이 곧 창조주와 인간 사이의 심오하면서도 사실적인 관계를 암시하고 있습니다.

'여호와'는 하나님의 이름입니다. 구약에는 하나님의 칭호가 여러 가지가 나오는데, 그중에 가장 고유하고 중요한 칭호가 '여호와'입니다. 출애굽기 3장에 보면 하나님이 모세를 부르시어 이스라엘을 이집트에서 해방하도록 사명을 주셨을 때 모세는 하나님의 이름이 무엇인지 물었습니다. 그때 하나님은 모세에게 하나님의 이름을 이렇게 말씀해 주셨습니다. "나는 곧 나다. 너는 이스라엘 자손에게 이르기를, '나'라고 하는 분이 너를 그들에게 보냈다고 하여라."(출 3:14) 하나님은 피조물이 아니십니다. 스스로 존재하시는 분입니다. 시간의 창조주이시며, 생명의 근원이십니다. 그 누구에게도 의존하지 않으십니다.

"나는 스스로 있는 자이니라."라는 말씀에서 '여호와'라는 하나님의 이름이 나왔습니다. 그러나 '여호와'가 실제로 그 이름인지는 아무도 모릅니다. 하나님의 이름은 지극히 거룩하여서 이스라엘 백성들은 함부로 그 이름을 입에 담지 않았기 때문입니다. 그래서 하나님의 이름을 들을 기회도 없었습니다. 그래서 '여호와'라는 거룩한 이름은 '주님'으로 대체되었습니다.

'여호와는 나의 목자시니'라는 고백에는 자랑과 기쁨이 담겨 있습니다. 마치 큰 소리로 만족스럽게 외치는 것과 같습니다. '아~ 복된 내 인생, 여호와 하나님이 나의 주인이시구나! 그분이 나의 목자이시구나!' 하나님이 자신의 목자가 되신다는 확신에서 오는 평안과 기쁨과 자랑이 흘러넘칩니다. 그뿐만 아니라 창조주 하나님과 아주 특별한 관계를 맺고 있음을 드러냅니다. 여호와께서 특별한 사랑으로 자신을 아시고 아끼신다는 확신에서 오는 기쁨과 감격이 있습니다. 자신이 하나님께 눈동자와 같은 관심과 사랑과 돌봄과 아낌을 받는 존재임을 노래합니다. 그렇다면 하나님이 목자이신 것이 그리도 기쁘고 행복하고 만족스러운 이유가 무엇일까요?

'목자'의 의미

|

히브리말로 목자를 '로이'라고 합니다. 로이에는 적어도 세 가지 뜻이 있습니다.

첫째로, 로이는 '길러 주시는 분'이라는 뜻입니다. 하나님을 처음으로 '목자'라고 부른 사람은 다윗이 아니라 야곱입니다. 창세기 48장에서 야곱은 요셉을 축복하면서 이렇게 기도합니다. "나의 할아버지 아브라함과 아버지 이삭을 보살펴 주신 하나님, 내가 태어난 날로부터 오늘에 이르기까지 나의 목자가 되어 주신 하나님, 온갖 어려움에서 나를 건져 주신 천사께서 이 아이들에게 복을 내려 주시기를 빕니다."(창 48:15-16) 하나님은 보살피고 길러 주시는 목자이십니다.

둘째로, 로이는 '먹여 주시는 분'이라는 뜻입니다. 목자는 양에게 좋은 꼴을 먹여 줍니다. 마실 물을 공급하며, 물이 있는 곳으로 인도합니다. 좋은 목자는 언제나 양을 잘 먹입니다.

셋째로, 로이는 '지키고 보호해 주시는 분'이라는 뜻입니다. 목자는 연약한 양을 맹수와 힘든 환경으로부터 지키고 보호해 줍니다.

양의 안전은 전적으로 목자에게 달려 있습니다. 목자의 역할은 양을 보호하는 것입니다.

나의 하나님

I

그렇다면 '여호와는 나의 목자'라는 고백은 하나님이 자신을 길러 주시고, 먹여 주시고, 지키고 보호해 주시는 분이라는 고백입니다. 그런데 다윗은 왕이었지만, 하나님을 '우리의' 목자라고 하지 않고, '나의' 목자라고 불렀습니다. 다윗에게는 그가 만난 하나님이 있으셨습니다. 그 하나님은 다윗이 직접 체험하고 아는 하나님이었습니다. 단지 지적으로 듣고 배운 하나님이 아니라, 삶의 여정에서 만난 하나님이었습니다.

우리에게는 이처럼 생생한 하나님 체험의 신앙과 고백이 중요합니다. '나의 목자'라고 부를 수 있는 하나님이 있으심이 성도에게는 가장 큰 힘이고 기쁨입니다. 하나님과 우리의 관계는 더욱 깊고 친밀한 교제로 점점 깊어져야 합니다. 우리는 다양한 상황 속에서 하나님을 경험합니다. 예배 중에 만납니다. 말씀을 통해 만납니다. 기도 중에 만납니다. 특별히 삶의 위기와 역경 가운데 만나는 하나님은 그 어느 때보다도 친밀하고 깊은 '나의 하나님'이 됩니다. 코로나19의 고난은 우리가 하나님을 더욱 깊고 친밀하게 만날 은혜의 기회입니다.

이런 만남은 하나님이 저 높은 곳에 계신 분이 아니라, 애통하고 슬퍼하고 두려워하는 내 곁에, 내 안에 계셔서 나의 작은 신음도 들으시며, 나의 깊은 탄식에 응답하시고, 나의 감사와 찬양의 고백을 들으시는 하나님을 경험하는 것입니다. 이것이 우리의 생생한 신앙입니다.

누구나 하나님을 만날 수 있습니다. 누구나 하나님과 가까워질 수 있습니다. 하나님은 구하고 찾는 자를 만나 주십니다. 우리가 전심으로 하나님을 구하면 하나님은 다가오셔서 '나의 하나님'으로 우리와 마주하여 주십니다. 하나님은 목자가 양을 알 듯 우리 각자를 아십니다. 양은 언제나 무리 가운데 있지만, 모든 양과 목자의 관계는 개인적이고 친밀한 '나의 목자'의 관계입니다. 모든 상황에서 하나님을 '나의 목자'로 고백할 수 있는 행복한 성도가 되기를 축복합니다.

양의 의미

|

하나님이 '나의 목자'가 되심이 왜 그리 중요할까요? 우리는 '양'을 떠올릴 때면 대관령 양 떼 목장에서 본 것 같은 모습, 아름다운 경관의 푸른 풀밭에서 우아하게 풀을 뜯는 하얀 양을 생각합니다. 그런데 이스라엘과 중동 지방에서는 양의 이미지가 전혀 다릅니다. 가장 경멸하고 모욕을 주는 욕이 '양 같은 놈'입니다. 그러므로 "우리 권사님은 꼭 양 같으셔! 우리 목사님은 양 같은 분이야!"라고 말한다면, 이건 중동 지역에서는 엄청난 모욕입니다. 중동에서는 온순하고 조용하고 차분하고 귀여운 양의 개념은 없습니다. 이스라엘에서 목자들이 키우는 양은 대체로 다음과 같은 이미지를 가지고 있습니다.

고집불통

무엇보다 양은 고집불통입니다. 양은 아주 고집이 센 동물입니다. 마음이 뒤틀려서 앞발을 딱 버티고 서 있으면 끌고 가기 어려운 동물입니다. 성경도 이렇게 말씀합니다. "우리는 다 양 같아서 그릇 행하여 각기 제 길로 갔거늘 여호와께서는 우리 모두의 죄악을 그에게 담당시키셨도다."(사 53:6) 고집부리고 불순종한 이스라엘 백성들을 가리켜서 양 같다고 말씀하셨습니다. '양 같다.'라는 것이 좋은 말이 아닙니다. 우리가 고집스럽고, 불순종하고, 온유하게 주님을 따르지 못하는 모습은 꼭 양의 모습 그대로입니다.

지독한 근시

양은 바로 앞에 있는 것밖에는 분간하지 못합니다. 보통 3m가 넘으면 잘 보지 못하는 양도 많다고 합니다. 시야도 좁고 시력도 나쁘므로 양의 행동은 어리석을 수밖에 없습니다. 바로 코앞에 있는 것만 보기 때문입니다. 그저 앞에 가는 양의 꼬리만 따라가다가 양 떼가 전부 절벽에서 떨어져 죽기도 합니다. 목자가 키우는 양은 야생 산양과는 달리 맹수가 달려오거나 어떤 위험이 다가와도 빨리 알아채지 못하고 풀만 뜯을 때도 있습니다. 멀리 보지 못하는 양은 길을 잘 잃어버립니다. 예수님도 길 잃은 양의 비유를 말씀하셨습니다. 코앞의 일도 알지 못하는 양의 모습이 꼭 우리와 같습니다.

무방비

양에게는 이렇다 할 공격 무기가 없습니다. 자신을 스스로 지킬 힘이 없는 것입니다. 예리한 발톱도 없습니다. 이빨이 날카롭지도 않습니다. 양은 몸집도 작아서 다른 동물에게 위협을 줄 수도 없습니다. 독을 뿜어내는 것도 아닙니다. 야생 염소처럼 뿔이 날카롭고 뾰족해서 맹수를 위협하고 막아 낼 수 있는 것도 아닙니다. 민첩성도 떨어집니다. 껑충껑충 힘차게 달리지도 못해서 종종걸음입니다. 목소리조차도 우렁차지 못하고 약합니다. 이렇듯 양은 상처받기 쉽습니다. 공격받기 쉽습니다. 이런 일로, 저런 일로 상처받고 힘든 것은 우리에게 양의 기질이 있기 때문입니다.

두려움

양은 겁쟁이입니다. 작은 개 한 마리가 수천 마리의 양 떼를 몰아갑니다. 자기보다 몸집이 작은 개 앞에서도 쩔쩔매며 어쩔 줄 몰라 합니다. 작은 개의 공격에 뿔뿔이 흩어지고 쫓겨 다닙니다.

양의 행복은 목자에게 달렸다

|

이것이 양의 모습입니다. 양은 보호가 필요한 존재입니다. 양은 돌봄이 필요한 존재입니다. 양은 스스로 안전하게 잘 먹고 잘 사는 것이 불가능합니다. 결국, 양은 목자 없이 살 수 없습니다.

양의 행복은 목자에게 달렸습니다. 양의 운명은 목자에게 달렸습니다. 목자 없이 양은 행복할 수 없습니다. 양은 목자에게 100% 의존합니다.

양이 잘 살려면 길러 주고, 먹여 주고, 지키고 보호해 주는 목자가 있어야 합니다. 목자가 없는 양은 소망이 없습니다. 목자 없이 살려고 하는 양은 가장 어리석은 양입니다. 그러니 목자가 있다는 것이 얼마나 중요합니까? 양에게 목자보다 더 중요한 존재는 없습니다. 사랑하는 성도 여러분, 우리에게 목자가 있습니까? 이 질문은 매우 중요합니다. 우리의 인생, 기쁨과 만족과 참된 복을 결정하는 일이기 때문입니다. 무엇보다 '나는 목자가 필요한 존재임'을 인정하는 것이 중요합니다. 목자 없이는 살 수 없는 인생임을 깨달을 때 우리는 목자가 절실히 필요하다고 고백할 수 있습니다.

예수님이 이 땅에 오신 것은 바로 모든 사람을 목자이신 하나님께로 인도하기 위함입니다. 예수님은 하나님을 우리 인생의 참목자로 소개하시기 위해 오셨습니다. 예수님은 말씀하셨습니다. "나에게는 이 우리에 속하지 않은 다른 양들이 있다. 나는 그 양들도 이끌어 와야 한다. 그들도 내 목소리를 들을 것이며, 한 목자 아래에서 한 무리 양 떼가 될 것이다."(요 10:16)

쉴 만한 물가로

그뿐만 아니라 예수님 자신이 우리를 위한 선한 목자가 되어 주셨습니다. "나는 선한 목자라 나는 내 양을 알고 양도 나를 아는 것이 아버지께서 나를 아시고 내가 아버지를 아는 것 같으니 나는 양을 위하여 목숨을 버리노라."(요 10:14-15)

우리에게는 희망이 있습니다. 우리에겐 선한 목자가 계시기 때문입니다. 우리는 예수님 안에서 목자를 찾고 만났습니다. 우리 모두 다윗처럼 하나님을 '나의 목자'라고 고백할 수 있는 복된 성도가 되기를 축복합니다. 주님이 우리의 목자이시니, 우리는 어떤 위기와 고난과 아픔 속에서도 든든합니다.

"여호와는 나의 목자시니 내게 부족함이 없으리로다."

1. 하나님은 당신에게 어떤 분이셨습니까? 자신이 경험한 하나님, 자신이 생각하고 믿는 하나님에 관해 설명해 보십시오.

2. 하나님을 '목자'라고 생각할 때, 하나님에 대한 당신의 생각이 어떻게 달라집니까?

3. 양의 특징 네 가지를 보면서 혹시 자신에게서 양의 모습이라고 말할 수 있는 것이 있습니까? 그 모습을 어떻게 고칠 수 있을까요?

4. "양의 행복은 목자에게 달려 있다."라는 말씀에 얼마나 동의할 수 있습니까? 당신의 행복은 목자에게 달려 있습니까? 어떤 점에서 그렇습니까?

5. 하나님 '나의 목자'가 되신 든든한 인생이 되기 위해 구체적으로 당신이 할 수 있는 것이 무엇인지 기록해 보십시오.

② 만족합니다!
주님은 나의 목자시니

1 여호와는 나의 목자시니 **내게 부족함이 없으리로다** 2 그가 나를 푸른 풀밭에 누이시며 쉴 만한 물가로 인도하시는도다 3 내 영혼을 소생시키고 자기 이름을 위하여 의의 길로 인도하시는도다 4 내가 사망의 음침한 골짜기로 다닐지라도 해를 두려워하지 않을 것은 주께서 나와 함께 하심이라 주의 지팡이와 막대기가 나를 안위하시나이다 5 주께서 내 원수의 목전에서 내게 상을 차려 주시고 기름을 내 머리에 부으셨으니 내 잔이 넘치나이다 6 내 평생에 선하심과 인자하심이 반드시 나를 따르리니 내가 여호와의 집에 영원히 살리로다.(시편 23:1-6)

한번 시편 23편 1절을 암송해 보겠습니다. 네, 좋습니다. 참 잘하셨습니다. "여호와는 나의 목자!"라고 부르며 확신과 기쁨에 찬 선언으로 노래를 시작한 시인은 "내게 부족함이 없으리로다."라고 노래합니다. 이는 완전한 만족과 긍정과 기쁨의 고백입니다. 자신에게는 모자람이 전혀 없다는 고백입니다. 하지만 무엇이 부족함이 없으며, 무엇이 만족하다는 것일까요?

다윗이 걸은 인생길은 많은 역경과 위기와 모멸과 상처와 아픔의 연속이었습니다. 다윗은 인생의 말년에도 아들 압살롬의 반역으로 처량하게 쫓기는 아픔을 겪었습니다. 또한, 그 아들의 죽음으로 가슴이 찢어지는 상처와 고통으로 울부짖기도 하였습니다. 다윗의 생애는 한순간도 평탄하지 않았습니다. 그러므로 "부족함이 없으리로다."라는 다윗의 고백은 육체적이며 물질적인 세계를 넘어서는 깊은 신앙에서 우러나오는 고백임을 알 수 있습니다.

만족함 배우기

ㅣ

다윗의 삶이 보여 주듯이 신앙생활은 단지 육체적으로 평안한 삶을 보장받기 위한 것이 아닙니다. 다윗이 고백한 '부족함이 없음'은 단순히 물질적이며 육체적인 궁핍이 없음을 의미하지 않습니다. 단지 물질의 형통이나 육체의 편안함이 하나님의 돌보심의 증거가 아닙니다. 물론 목자이신 하나님의 돌보심은 물질적이며 육체적인 면도 포함합니다. 그러나 그것보다 더 중요하고 깊은 면이 있음을 보아야 합니다. 우리가 물질적이고 육체적인 만족에 집착하여 더 깊은 다른 면을 보지 못한다면 우리는 세상과 구별된 존재가 될 수 없을 것입니다. 예수님은 제자들에게 말씀하셨습니다. "세상에서는 너희가 환난을 당하나 담대하라 내가 세상을 이기었노라."(요 16:33) 예수님은 세상의 환란을 없애 주시는 성공이 아니라, 세상의 환란을 이기는 승리를 말씀하셨습니다.

이 차이를 모르면 우리는 거짓 평안에 빠질 수도 있습니다. 성령님은 라오디게아 교회의 성도들이 착각에 빠져 있음을 경고하셨습니다. "너는 풍족하여 부족한 것이 조금도 없다고 하지만, 실상 너는, 네가 비참하고 불쌍하고 가난하고 눈이 멀고 벌거벗은 것을 알지 못한다."(계 3:17) 성령님은 물질적 풍요와 만족함에 눈이 멀어 영적인 헐벗음을 보지 못한 그들을 안타까워하셨습니다.

우리가 추구하는 믿음의 삶은 역경과 고통과 궁핍 속에서도 부족함이 없다고 고백하는 삶입니다. 주님이 목자인 성도의 만족함은 물질적이고 육체적인 것 이전에 주님이 자신의 목자가 되신다는 사실에서 오는 만족함입니다. 성도의 만족함은 주님이 함께하시고 인도하시고 공급하여 주시는 그 사랑과 돌보심을 전적으로 의지하며 기뻐하는 것입니다. 그렇다면 '부족함이 없다.'라는 것은 목자와의 관계가 만족하다는 고백입니다. 자신의 목자가 되어 주신 주님에 대한 만족함의 노래입니다. 다윗의 만족함은 "여호와께서 나의 목자"가 되어 주심의 만족이었습니다.

주님이 목자가 되어 주실 때 성도는 주님께 속해 있습니다. 주님을 참 목자로 신뢰하고 의지할 때 어떤 상황에서도 평안함과 만족함을 누릴 수 있습니다. 성도의 만족함은 자신의 모든 것을 목자이신 하나님께 맡긴 믿음의 증거입니다. 이 세상은 온통 불만과 불평으로 가득합니다. 부족하다고 아우성칩니다. 만족할 줄 모르는 탐욕으로 서로 물고 뜯는 모습이 너무 많습니다. 그러나 이런 삶의 현장에서 오히려 주님이 나의 목자이시니 부족함이 없다고 고백하고 노래하는 삶이야말로 진정한 그리스도인의 모습입니다.

사도 바울은 빌립보서에서 목자이신 주님에 대한 신뢰와 확신을 이렇게 고백합니다. "나의 하나님께서 자기의 풍성하심을 따라 그리스도 예수 안에 있는 영광으로 여러분에게 필요한 것을 모두 채워주실 것입니다."(빌 4:19) 그뿐만 아니라 바울은 하나님이 목자이신 성도가 사는 법을 이렇게 말합니다. "나는 어떤 처지에서도 스스로 만족하는 법을 배웠습니다."(빌 4:11) 이것이 바울이 역경 속에서도 만족할 수 있었던 이유입니다. 신앙 성숙과 제자훈련은 다름 아니라 모든 상황에서 목자 되신 주님으로 인해 만족할 줄 아는 것을 배우는 과정입니다. 다윗도 바울도 수많은 시련과 역경 속에서 주님의 목자 되심을 통해 누리는 만족함을 배웠습니다.

주님은 선한 목자

|

양의 운명과 행복은 목자에게 달렸습니다. 양은 선한 목자를 만날 때 참된 만족을 누립니다. 반면에 거짓된 삯꾼 목자를 만난 양은 만족함이 없으며 불행합니다. 주님이 우리의 목자이심으로 우리가 모든 상황에서도 만족함을 누릴 수 있는 것은 우리의 주님은 선한 목자이시기 때문입니다. 예수님은 말씀하셨습니다. "나는 선한 목자라 선한 목자는 양들을 위하여 목숨을 버리거니와 삯꾼은 목자가 아니요 양도 제 양이 아니라 이리가 오는 것을 보면 양을 버리고 달아나나니 이리가 양을 물어 가고 또 헤치느니라 달아나는 것은 그가 삯꾼인 까닭에 양을 돌보지 아니함이나 나는 선한 목자라."(요 10:11-14)

삯꾼 목자는 양을 생각하지 않고, 자신을 생각합니다. 위기가 오면 양을 버리고 달아납니다. 거짓 목자에게 양은 자신의 이익을 위한 수단일 뿐입니다. 관심과 돌봄과 사랑의 대상이 아니라 재산일 뿐입니다. 그러나 선한 목자는 사랑으로 양을 돌보고 보호합니다.

선한 목자 예수님은 우리를 사랑하시기에 자신의 목숨도 내어 주셨습니다. 자신의 생명도 내어 주신 목자가 바로 우리의 주님이십니다. 주님은 우리가 더는 바랄 것 없는 목자이십니다.

좋은 목자는 언제나 양을 위해 최선의 것을 공급하고 돌봅니다. 푸른 풀이 있는 곳으로 이끌어 주고, 맑은 물을 공급하기 위해 수고와 노력을 아끼지 않습니다. 무자비한 맹수와 도둑들로부터 지켜 주며, 비바람을 피할 곳을 마련해 줍니다. 선한 목자는 양을 위해 온갖 수고를 아끼지 않습니다. 선한 목자이신 주님은 선언하셨습니다. "나는, 양들이 생명을 얻고 또 더 넘치게 얻게 하려고 왔다."(요 10:10)

선한 목자는 게으르지 않습니다. 아침에 일찍 일어나 양이 잘 잤는지, 상태는 어떤지 하나하나 이름을 부르며 확인합니다. 친밀한 관계로 돌봅니다. 심지어 밤에 잠을 잘 때도 맹수의 공격은 없는지, 도둑이 들어오지 않는지 세심하게 경계하는 마음으로 자면서 즉시 일어나 보호하고 돌볼 준비를 합니다. 이런 분이 우리의 목자이십니다.

시편 121편은 선한 목자가 있는 양의 노래입니다. "내가 산을 향하여 눈을 들리라 나의 도움이 어디서 올까 나의 도움은 천지를 지

쉴 만한 물가로

으신 여호와에게서로다 여호와께서 너를 실족하지 아니하게 하시
며 너를 지키시는 이가 졸지 아니하시리로다 이스라엘을 지키시
는 이는 졸지도 아니하시고 주무시지도 아니하시리로다 여호와는
너를 지키시는 이시라 여호와께서 네 오른쪽에서 네 그늘이 되시
나니 낮의 해가 너를 상하게 하지 아니하며 밤의 달도 너를 해치지
아니하리로다 여호와께서 너를 지켜 모든 환난을 면하게 하시며
또 네 영혼을 지키시리로다 여호와께서 너의 출입을 지금부터 영
원까지 지키시리로다."(시 121:1-8)

　사랑하는 성도 여러분, 우리는 오직 주님만 의지하고 바라봅시
다. "내게 부족함이 없으리로다." 이 문장은 '의지적' 미래형 문장입
니다. 앞으로 어떤 일이 있어도 결코 부족함이 없을 것이라는 확신
에 넘치는 고백입니다. 주님의 인도하심을 온전히 신뢰합시다. 주
님께 맡기고 따르면 부족함이 없음을 확신합시다. 어떤 상황에서
도, 지금의 고통과 위기 속에서도 믿음을 잃지 않고 목자를 따르기
를 축복합니다.

만족과 기쁨의 근원

|

우리는 만족스러운 양의 모습, 부족함이 없는 양의 모습을 떠올릴 때에 흔히 '푸른 초원'을 생각합니다. 2절에도 "푸른 풀밭"이라고 되어 있습니다. 그러나 실제로 '풀밭'은 광야입니다. 성경에서 광야를 의미하는 대표적인 히브리어는 '미드바르'와 '나베'입니다. 광야 혹은 풀밭이라는 말로 번역됩니다. 우리말로는 광야와 풀밭은 전혀 다릅니다. 그런데 히브리말로는 광야는 풀밭이고, 풀밭은 광야입니다. 양을 키우는 곳은 다름 아닌 광야였습니다. 목자들은 농사를 짓지 않는 황무지나 광야를 찾아다니며 양을 쳤습니다.

신약성경의 마태복음에 나오는 잃은 양의 비유의 무대는 '산'입니다. (마 18:12) 같은 이야기가 누가복음에도 나오는데 여기서는 목자가 아흔아홉 마리의 양을 '들'에 두고 잃어버린 양을 찾으러 떠났습니다. (눅 15:4) '들'은 그리스어로 '에레모스'인데 이 단어의 뜻은 비옥한 초원이 아니라 빈들, 버려진 땅, 외딴곳, 황무지를 의미합니다. 바로 광야입니다.

예수님이 시험을 받으신 그 광야(에레모스), 오병이어의 기적을 행하신 들(에레모스), 세례 요한이 활동했던 광야(에레모스)는 모

쉴 만한 물가로

두 같은 단어입니다. 산이 들이고, 들이 산이고 광야입니다. 그리고 이곳은 양을 치는 곳입니다. 그러므로 시편 23편의 배경은 바로 광야이고 산입니다. 시편 23편을 바르게 이해하기 위해서는 광야에 있는 양을 볼 수 있어야 합니다. 사실 광야에는 푸른 풀밭은 없습니다. 쉴 만한 물가도 없습니다. 황량하고 거친 땅, 돌과 흙이 날리는 땅입니다. 늑대나 맹수가 위협하는 곳입니다.

　바로 이런 상황에서 부족함이 없다고 고백하고 있음에 주목해야 합니다. 시인의 만족과 행복의 근원은 환경이 아닙니다. 참된 만족함은 전적으로 목자와 양의 관계에 달려 있습니다. 주님이 내 목자라고 고백할 수 있고, 나는 그분의 양이라고 고백할 수 있는 그 관계와 신뢰로부터 만족함이 옵니다. 주님을 목자로 모시면 모두 가진 것과 마찬가지입니다. 행복의 근원이 목자에게 있습니다. 주님이 만족의 이유이고, 만족함의 근원이고, 만족함의 길입니다. 그러므로 선한 목자인 주님을 따르는 양은 광야에서도 부족함이 없습니다.

　다윗은 하나님을 목자로 따랐으며, 하나님을 자신의 인생의 주인으로 모셨기에 광야의 인생길에도 부족함이 없다고 고백할 수 있었습니다. 그리고 이것은 우리에게도 같은 영적인 진리입니다. 우리의 삶의 현장은 광야와 같습니다. 메마른 땅입니다. 치열한 경쟁이 있습니다. 고통이 있습니다. 인생에 부는 먼지, 바람이 가득합니다. 풀 하나 보이지 않는 가난과 압박이 몰아칩니다. 깨진 아픔이 있습니다. 코로나19의 두려움이 뒤덮고 있습니다.

그러나 광야를 걷는 인생이라도, 주님이 목자가 되신다면 부족함이 없습니다. 사랑하는 여러분, 주님은 우리의 선한 목자이십니다. 확신합니까? 분명합니까? 고백할 수 있습니까? 목자이신 주님을 더욱 의지합시다. 목자이신 주님과 더욱 가까워집시다. 목자의 음성 듣기를 기뻐하며 주님의 인도하심만 따릅시다. 다윗처럼 목자이신 주님으로 만족한 인생의 노래를 부르는 복된 성도가 되기를 축복합니다.

쉴 만한 물가로

1. 다윗은 '주님이 나의 목자시니' 부족함이 없다고 하였습니다. 다윗의 만족함은 주님 자신에게 있었습니다. 당신의 만족함의 근원은 무엇입니까?

2. 우리가 라오디게아 성도들과 같이 거짓 만족에 빠지는 이유는 무엇일까요?

3. '만족함'은 모든 것을 목자에게 맡기고 신뢰하는 믿음의 증거라고 할 수 있을까요? 그 이유는 무엇인가요?

4. 바울은 "어떤 처지에서도 스스로 만족하는 법을 배웠다."(빌 4:11)라고 하였습니다. 자족(스스로 만족함)은 체념과 어떻게 다를까요? 또한 자만과는 어떻게 다를까요?

5. 주님이 당신의 선한 목자이심을 어떻게 노래하고 감사할 수 있을까요?

평안합니다!
풀밭에 누이시니

1 여호와는 나의 목자시니 내게 부족함이 없으리로다 **2 그가 나를 푸른 풀밭에 누이시며** 쉴 만한 물가로 인도하시는도다 3 내 영혼을 소생시키고 자기 이름을 위하여 의의 길로 인도하시는도다 4 내가 사망의 음침한 골짜기로 다닐지라도 해를 두려워하지 않을 것은 주께서 나와 함께 하심이라 주의 지팡이와 막대기가 나를 안위하시나이다 5 주께서 내 원수의 목전에서 내게 상을 차려 주시고 기름을 내 머리에 부으셨으니 내 잔이 넘치나이다 6 내 평생에 선하심과 인자하심이 반드시 나를 따르리니 내가 여호와의 집에 영원히 살리로다.(시편 23:1-6)

"여호와는 나의 목자이시 내게 부족함이 없으리로다."라고 목자의 노래를 시작한 다윗은, 목자가 베푸시는 놀라운 은혜를 강렬한 그림 언어로 그려 냅니다.

"그가 나를 푸른 풀밭에 누이시며."

우리는 시편 23편의 지리적 환경이 광야이며, 그 상황이 얼마나 열악한지를 앞에서 살펴보았습니다. 그런데 다윗은 '광야'와는 정반대의 그림인 '푸른 풀밭'이라는 그림을 노래합니다. '풀밭'(데쉐)이라는 단어는 성경에서 '풀밭'(신 32:2), '새싹'(삼하 23:4), '새 풀(움)'(잠언 27:25)로도 번역되었습니다. 또한, '풀밭'을 꾸며 주는 형용사인 '푸른'이라는 의미의 단어가 원문에는 없습니다. '푸른 나물'(사 37:27)이라고 번역한 것처럼 '푸른'을 의미하는 '야라크'라는 형용사가 함께 있어야 하는데 그렇지 않습니다.

그렇다면 '푸른 풀밭'의 의미는 넓은 초원이 아니라 '새로 돋아난 싹과 풀'이 있는 곳입니다. 유대 지역은 11월부터 3월은 우기입니다. 11월경부터 내리는 이른 비로 우기가 시작되고, 3월경에 내리는 늦은 비로 봄이 시작됩니다. 비가 내리면 2월과 3월에 봄과 함께 광야에도 꽃이 피고 풀이 푸르게 덮입니다. 이때에는 신선한 풀이 곳곳에 있습니다. 그러나 4월부터 10월은 건기가 되어서 비가 한 방울로 내리지 않으며, 4월이 지나면서 풀들은 마르기 시작합니다.

건기가 되면 양들은 풀을 찾아서 다른 곳으로 가야 합니다. 창세기 37장에 보면 요셉의 형들은 가족이 살던 헤브론에 있지 않고 멀리 세겜에 가 있었습니다. 바로 건기에 양들에게 풀을 먹이기 위해 풀이 있는 북쪽으로 멀리 이동했음을 알 수 있습니다. 요셉이 형들에게 미움을 받아 웅덩이에 던져졌을 때 웅덩이에는 물이 없었습니다. 아마도 그때가 건기의 마지막 때(9-10월)였던 것 같습니다.

선한 목자를 따르는 양이 누리는 평화와 행복은 풀밭에 눕는 것입니다. 목자 역시 이때가 가장 행복합니다. 풀밭에 누운 모습은 만족하고 평화로운 양의 대표적인 모습입니다. 성경의 번역자는 '푸른'이라는 단어를 첨가함으로 그 의미를 극대화하였습니다. 목자로 오랜 세월 일한 경험이 있는 필립 켈러에 의하면 양은 다음의 네 가지가 충족될 때 편안하게 눕는다고 합니다.

두 려 움 이 없 을 때

I

양은 워낙 겁이 많아서 조금이라도 두려움이 있으면 누우려고 하지 않습니다. 매우 소심한 양은 수풀에서 조그만 토끼 한 마리만 뛰어나와도 놀라서 허둥댑니다. 들개나 늑대 같은 맹수들의 위협에 양은 두려움에 떱니다. 양은 스스로 자신을 지킬 마땅한 방어

무기가 없습니다. 심지어 들개 두 마리가 백 마리가 넘는 양을 하룻밤 사이에 물어 죽인 적도 있다고 합니다. 선한 목자는 모든 방법을 동원해서 양들이 두려워하지 않도록 지켜 줍니다. 그러므로 양들을 가장 안심시켜 주는 것은 바로 양과 함께 있는 목자 자신입니다. 양들은 목자의 모습이 눈에 보이면 안심합니다. 목자가 맹수로부터 보호해 주고 위험으로부터 지켜 줄 것을 알기 때문입니다. 선한 목자는 낮이든 밤이든 양 곁을 떠나지 않고 양과 함께 있습니다. 그것이 양들을 안심시키고 평안하게 해 주는 최선의 길이기 때문입니다.

우리가 삶에서 참된 평안을 누리기 위해서는 선한 목자 곁에 머무는 것보다 더 중요한 것은 없습니다. 부활의 주님이 나와 함께하신다는 믿음보다 우리에게 참 평안을 주는 것은 없습니다. 삶의 모든 공포와 두려움은 주님이 함께하실 때 사라집니다. 주님은 두려워하는 제자들에게 약속하셨습니다. "볼지어다 내가 세상 끝날까지 너희와 항상 함께 있으리라."(마 28:20) 시인 아삽은 이렇게 노래합니다. "내가 항상 주와 함께하니 주께서 내 오른손을 붙드셨나이다."(시 73:23) 주님이 우리와 항상 함께하시는 것보다 우리를 평안하게 해 줄 것은 없습니다.

우리에게 어떤 재난과 위험과 고통이 닥쳐올지 모릅니다. 우리는 지금 상상도 하지 못했던 코로나19로 몹시 고통스러운 시간을 보내고 있습니다. 지금은 우리가 목자이신 주님 곁에 머물며, 주님이 함께하심을 온전히 신뢰하고 더욱 의지해야 할 때입니다. 우리는 목자이신 주님 안에서 평안함을 누립니다. 다윗은 그 평안을 이렇게 노래했습니다. "내가 편히 눕거나 잠드는 것도, 주님께서 나를 평안히 쉬게 하여 주시기 때문입니다."(시 4:8)

관계가 평화로울 때

ㅣ

양은 집단으로 움직이는 사회성이 매우 강한 동물입니다. 그만큼 양은 자기들 사이에서 긴장과 경쟁으로 싸우는 일이 많습니다. 만약 이 갈등이 정리되지 않으면 양들은 편안하게 눕지 않습니다. 대체로 양 무리에는 늙은 암양이 우두머리가 됩니다. 조금이라도 자신의 자리에 도전이 되거나 경쟁이 되면 냅다 머리를 부딪쳐서 다른 양을 들이받거나 약한 양을 몰아냅니다. 또한, 양은 종종 서로 머리로 들이받고 부딪쳐서 자기 힘을 과시하며 자기의 위치를 지키려고 합니다. 이렇게 양 떼 안에는 언제나 그들 사이에 긴장과 힘겨루기가 있습니다. 양 떼 안에서 힘겨루기는 지극히 자연스러운 일이지만, 멈추지 않으면 극히 해롭습니다. 양들은 잔뜩 긴장하게 되고, 신경이 날카로워지고, 평안할 수 없습니다. 이렇게 되면 양의 체력이 약해집니다. 다툼이 계속된다면 양들은 편안하게 누울 수 없습니다. 하나님은 이스라엘을 양에 비유하시면서 이렇게 말씀하셨습니다.

"내가 직접 내 양 떼를 먹이고, 내가 직접 내 양 떼를 눕게 하겠다. … 헤매는 것은 찾아오고, 길 잃은 것은 도로 데려오며, 다리가 부러지고 상한 것은 싸매어 주며, 약한 것은 튼튼하게 만들겠다. 그러나 살진 것들과 힘센 것들은, 내가 멸하겠다. 내가 이렇게 그것들을 공평하게 먹이겠다. … 내가 직접 살진 양과 여윈 양 사이에서 심판하겠다. 너희가 병든 것들을 다 옆구리와 어깨로 밀어내고, 너희의 뿔로 받아서, 그것들을 바깥으로 내보내어 흩어지게 하였다."(겔 34:15-16)

목자이신 하나님이 양 떼를 먹이고 눕게 하겠다고 하십니다. 약하고 병든 양을 뿔로 받아서 흩어지게 하는 살지고 힘센 것들은 멸하여 공평하게 먹이겠다고 하십니다. 부러지고 상한 것은 싸매 주시겠다고 하십니다. 양들 사이에 일어난 다툼과 갈등으로 생긴 문제를 풀어 주시는 이미지가 담겨 있습니다. 그런데 중요한 사실이 있습니다. 양들은 싸우다가도 목자가 나타나면 싸움을 멈춥니다. 목자가 함께 있으면 양의 행동이 바뀝니다. 목자는 공격적이고 해를 끼치는 양을 혼내고 막아 주며, 모든 양이 골고루 풀을 뜯고 안 정감을 취하도록 해 주기 때문입니다.

우리의 삶은 양과 크게 다를 바 없습니다. 우리는 극심한 생존 경쟁 속에 살아갑니다. 때로는 자기주장을 강하게 내세웁니다. 앞 서기 위해 들이받고, 자신의 자리와 힘을 지키기 위해 상처를 주며 경쟁합니다. 이런 일로 인해 질투와 미움과 증오와 불만이 삶을 곪 게 합니다.

우리의 삶에서 공격적이고, 적대적이고, 이기적이고, 갈등과 아 픔을 가져오는 것들은 목자이신 주님이 함께하심으로 종식될 수 있습니다. 주님과 친밀한 교제를 나누며, 주님의 인도와 다스리심 을 받으며, 선한 목자이신 주님을 바라볼 때 참 평안을 누립니다. 주님을 따르는 삶에 참 평화가 함께 합니다. 주님을 따르는 성도의 삶은 온화함과 평안입니다. 선한 목자이신 주님이 계신 교회, 주님 이 계신 가정, 주님이 계신 삶은 평안합니다.

쉴 만한 물가로

해충이 제거될 때

|

양들을 괴롭히는 작은 해충들이 많이 있습니다. 말파리, 쇠파리, 진드기와 같은 해충이 양의 코나 귀나 눈에 달라붙어서 계속 괴롭히면 양들은 누울 수 없습니다. 벌레로 괴로운 양들은 이것을 없애려고 머리를 흔들거나, 발을 구르거나, 때로는 덤불 속으로 뛰어들기도 합니다. 양들은 해충이 없어야 편안하게 눕습니다. 해충을 몰아내는 것이 양들을 평안하게 하는 중요한 일입니다.

이런 상황에서도 양에게는 목자가 필요합니다. 선한 목자는 계속해서 양을 보살피고 잘 씻어 줍니다. 벌레가 꼬이지 않도록 약도 발라 줍니다. 선한 목자는 쉬지 않고 양을 보살핍니다. 시간이 걸리고, 집중해야 하는 일입니다. 목자는 벌레로 괴로워하는 양을 보면 즉각 해결해 줍니다.

우리의 삶에도 이런 일들이 끊임없이 일어납니다. 마치 벌레에 물리는 것 같이 크고 작은 일들로 불쾌해지고, 힘들어지고, 고통스럽고, 신경이 쓰이면 마음의 평화는 사라집니다. 우리가 만족스럽고 평화롭고 기쁨에 넘치는 삶을 살려면 이런 벌레로부터 보호받고, 벌레를 없애야 합니다.

어떻게 없앨 수 있을까요? 바로 우리와 함께하시는 주님, 우리의 성령님이 우리를 깨끗하게 하시고 만져 주십니다. 성령님은 우리를 치유하시고, 새롭게 하시고 온전하게 해 주십니다. 크고 작은 마음의 벌레와 상처와 괴로움을 처리해 주십니다. 이와 함께 주님의 말씀은 우리가 나아갈 길을 가르쳐 줍니다. 주님께서 해충을 다루어 주십니다. 치료해 주시고, 위로해 주시고, 해독제를 주시며, 약을 발라 주십니다. 선한 목자께서 우리를 위해 일하십니다. 그러니 우리가 주님의 양인 것이 얼마나 복된 일입니까?

배가 부를 때

I

양이 누우려면 배고픔이 없어야 합니다. "푸른 풀밭에 누이신다."라는 표현에는 배부른 양의 모습이 담겨 있습니다. 팔레스틴 지역은 건조하고 비가 적게 내립니다. 양들은 이런 건조한 환경에 잘 적응합니다. 그러나 푸른 풀이 부족합니다. 풀밭은 저절로 생기지 않습니다. 푸른 풀밭은 엄청난 수고와 시간과 관리를 통해 만들어집니다. 돌을 골라내고, 가시덤불을 제거하고, 깊이 파서 흙을 부드럽게 만드는 엄청난 노동이 없다면 푸른 풀밭은 불가능합니다. 푸른 풀밭으로 만들 만한 곳이 마땅치 않은 팔레스틴 지역에서는 결국 목자가 풀이 있는 곳으로 끊임없이 양을 인도해 주어야 합니다. 이렇게 하려면 목자는 수고와 노력을 아끼지 않아야 합니다. 메마른 광야에서 양이 푸른 풀밭을 노래할 수 있는 것은 목자가 엄청난 수고를 하였음을 의미합니다.

푸른 풀밭은 양이 평안하기 위한 필수 요건입니다. 양들이 건강하게 자라나고, 어미 양이 젖을 많이 내기 위해서는 싱싱하고 풍부한 꼴을 먹어야만 합니다. 양의 만족과 평안을 위해 푸른 풀밭을 대신할 수 있는 것은 어디에도 없습니다. 제대로 먹지 못하고 영양이 부족하게 되면 양은 쇠약해지고 활기를 잃게 됩니다.

양이 풀밭에 눕는 것은 두려움, 긴장감, 괴로움, 배고픔에서 해방되었음을 의미합니다. 양은 스스로 그 해방을 가져올 수 없습니다. 양을 이런 것들로부터 해방하여 평안을 줄 수 있는 존재는 오직 목자뿐입니다. 양이 만족함과 평안함으로 풀밭에 눕는 것은 전적으로 목자의 부지런함에 달려 있습니다. 선한 목자를 따르는 양은 결코 불안에 사로잡혀 내일을 염려하지 않습니다. 선한 목자는 어제도, 오늘도, 내일도 필요한 것을 예비하시고 공급하여 주시기 때문입니다.

"나는 선한 목자라."(요 10:11)

예수님의 이 말씀은 우리를 위해 이처럼 쉬지 않으시고 애쓰시겠다는 말씀입니다. 우리를 위해 아낌없이 십자가에서 자신을 내어 주신 주님은 지금도 우리를 위해 열심히 일하십니다. "나 주의 열심이 이 일을 이룰 것이다."(왕하 19:31) 이는 목자의 열심입니다. 우리를 푸른 풀밭으로 인도하시려는 주님의 사랑과 열심이 없었다면 우리는 지금도 영혼의 황무지에서 굶주리며 헤매고 있을 것입니다. 주님을 따르는 우리에게는 언제나 예비하심과 공급하심의 은혜가 있습니다. 염려와 걱정과 불안을 끝까지 놓지 못하는 것은 목자이신 주님에 대한 불신과 불순종의 다른 모습입니다.

"그러므로 염려하여 이르기를 무엇을 먹을까 무엇을 마실까 무엇을 입을까 하지 말라 이는 다 이방인들이 구하는 것이라 너희 하늘 아버지께서 이 모든 것이 너희에게 있어야 할 줄을 아시느니라 그런즉 너희는 먼저 그의 나라와 그의 의를 구하라 그리하면 이 모든 것을 너희에게 더하시리라 그러므로 내일 일을 위하여 염려하지 말라 내일 일은 내일이 염려할 것이요 한 날의 괴로움은 그날로 족하니라."(마 6:31-34)

코로나19로 염려와 불안이 가득하고 미래가 불확실한 지금은 주님을 더욱 의지하고 따를 때입니다. 먼저 주님을 구하고 신뢰함으로 따릅시다. 주님은 지금도 우리를 위해 열심히 일하심을 기억하십시오. 우리에게는 선한 목자가 계십니다. 우리는 오직 주님 안에서 평안함과 만족함을 누릴 수 있습니다. 이 말씀 안에서 놀라운 소망과 평화가 넘치기를 축복합니다.

"그가 나를 푸른 풀밭에 누이시며 쉴 만한 물가로 인도하시도다."

1. 광야에서 푸른 풀밭을 얻기 위한 두 가지 방법은 무엇입니까? 이때 목자는 어떤 역할과 수고를 해야 합니까?

2. 양이 '푸른 풀밭에 눕기' 위해서는 어떤 조건이 충족되어야 합니까?
   1)
   2)
   3)
   4)

3. 위의 네 가지 조건과 지금 자신의 모습 혹은 우리 교회 공동체의 모습을 대비시켜 본다면, 우리의 어떤 모습이 드러납니까?
   1)
   2)
   3)
   4)

4. 우리를 돌보시는 주님의 열심을 묵상해 보십시오. 그리고 당신의 생각이나 느낌을 기록해 보십시오.

안식합니다!
쉴 만한 물가로 인도하시니

1 여호와는 나의 목자시니 내게 부족함이 없으리로다 2 그가 나를 푸른 풀 밭에 누이시며 **쉴 만한 물가로 인도하시는도다** 3 내 영혼을 소생시키시고 자기 이름을 위하여 의의 길로 인도하시는도다 4 내가 사망의 음침한 골짜 기로 다닐지라도 해를 두려워하지 않을 것은 주께서 나와 함께 하심이라 주의 지팡이와 막대기가 나를 안위하시나이다 5 주께서 내 원수의 목전에 서 내게 상을 차려 주시고 기름을 내 머리에 부으셨으니 내 잔이 넘치나이 다 6 내 평생에 선하심과 인자하심이 반드시 나를 따르리니 내가 여호와 의 집에 영원히 살리로다 (시편 23:1-6)

"부족함이 없으리로다."라고 고백한 시인은 부족함이 없는 양의 모습을 두 가지로 그려 줍니다. 하나는 푸른 풀밭에 누워 있는 모 습이고, 다른 하나는 "쉴 만한 물가"에 있는 모습입니다. 선한 목자 를 따르는 양은 푸른 풀밭의 만족함을 누릴 뿐만 아니라, 쉴 만한 물가의 쉼을 누립니다. 대체로 양은 건조하고 비가 적은 지역에 작 적응된 동물입니다. 그러나 항상 물이 필요합니다. 풀에 있는 적 은 양의 수분만으로도 너끈히 살아갈 수 있는 아프리카의 가젤과 는 다릅니다.

  사람과 마찬가지로 양도 대략 몸의 70%가 수분으로 이루어져 있습니다. 항상 이 정도의 수분이 있어야 정상적으로 체내의 신진 대사가 이루어지며, 건강한 상태를 유지할 수 있습니다. 수분은 몸 을 이루는 세포에 탄력을 주고, 몸의 모든 기관을 건강하게 합니 다. 만일 양이 물을 충분히 마시지 못한다면, 세포 조직의 탈수 현 상으로 인해 쇠약해지고, 무기력해지며, 치명적인 손상을 입게 됩 니다. 풀과 함께 물은 양의 생존에 필수적인 요소입니다. 일반적 으로 양은 세 가지의 방법으로 물을 얻습니다. 그것은 풀잎에 맺힌 이슬, 깊은 우물물, 그리고 흐르는 샘물이나 시냇물입니다.

이슬

|

날씨가 지나치게 덥지만 않다면, 양들은 매일 아침 풀잎에 방울 방울 맺힌 이슬만으로도 따로 물을 마시지 않아도 어느 정도 견딜

수 있습니다. 아침에 풀잎에 맺힌 이슬은 매우 중요한 수분 공급원
이 됩니다. 이스라엘에서는 4월부터 10월이 건기인데, 이 기간에
는 비가 전혀 내리지 않습니다. 건기에 이슬은 더욱 중요합니다.

구약의 사사 기드온에 관한 이야기에도 이슬 이야기가 나옵니
다. 기드온은 하나님이 자신을 부르신 증거를 보여 달라고 하면서
맨땅에 한 뭉치의 털을 놓을 텐데 털에만 이슬이 내리게 해 달라고
하였습니다.(삿 6장) 다음 날 아침에 일어나 보니 정말로 양털에만
이슬이 흠뻑 내렸습니다. 짜 보니 물이 한 대야나 나왔습니다. 그
런데 기드온은 하나님께 이번에는 양털에만 이슬이 내리지 않고
주변에는 내리게 해 달라고 구합니다. 다음 날 일어나 보니 주변에
는 이슬이 내렸는데 양털은 뽀송뽀송했습니다. 이 이야기가 보여
주듯이 이스라엘에는 이슬이 많이 내립니다. 이슬을 먹기 위해서
양들은 동트기 전에 일어나야 합니다. 이른 새벽, 초목이 이슬로
흠뻑 젖었을 때 양들은 풀을 뜯으면서 많은 양의 수분을 섭취할 수
있습니다. 더군다나 아침에 풀에 맺힌 이슬은 맑고 깨끗합니다.

성경은 '비와 이슬'이 하나님이 주시는 복으로 묘사됩니다. 이삭
은 아들 야곱을 이렇게 축복했습니다. "하나님은 하늘의 이슬과
땅의 기름짐이며 풍성한 곡식과 포도주를 네게 주시기를 원하노
라."(창 27:28) 반면에 하나님이 심판하실 때에는 비만 그친 것이

아니라 이슬도 내리지 않을 것이라고 하셨습니다. "길보아 산들아 너희 위에 이슬과 비가 내리지 아니하며 제물 낼 밭도 없을지어다 거기서 두 용사의 방패가 버린 바 됨이니라 곧 사울의 방패가 기름 부음을 받지 아니함 같이 됨이로다."(삼하 1:21) 비는 겨울 농사에 필요하고, 이슬은 여름 농사에 필요합니다. 선한 목자는 언제나 양보다 더 일찍 일어나 부지런히 양들을 데리고 들에 나가 이슬에 맺힌 풀을 뜯어 먹도록 해 줍니다. 이슬은 양에게 또 하나의 생명줄입니다.

우물과 시냇물

|

그러나 일 년 내내 이슬만으로 살 수는 없습니다. 건조기가 되면 이슬만으로는 부족합니다. 선한 목자는 할 수만 있다면 맑은 물이 흐르는 시내로 양들을 인도하며 갈증을 풀어 줍니다. 양들은 물이 넉넉한 곳에서 더할 나위 없는 만족함을 누립니다. 그래서 목자는 양을 이끌고 물이 있는 곳을 찾아갑니다. 그러나 건조기의 마지막 때, 혹은 가뭄이 심할 때 필요한 것이 깊은 우물입니다. 팔레스틴 지역에서는 양을 키우기 위해서 반드시 우물이 있어야 합니다.

쉴 만한 물가로

광야에도 우물과 샘이 있습니다. 사우디아라비아 반도에도 700 개 이상의 우물이 있다고 합니다. 구약에는 우물에 관한 이야기가 많이 나옵니다. 광야에서 양을 치는 목자에게 물은 가장 중요하기 때문입니다. 이삭은 가는 곳마다 우물을 팠고, 팔 때마다 물이 터져 나왔지만, 사람들이 와서 그 우물을 빼앗았습니다. 유목민에게 우물은 가장 큰 재산입니다. 우물이 없다면 양을 기를 수 없기 때문입니다. 이삭이 우물을 팠던 지역은 브엘세바인데 이 지역은 이스라엘의 남방 한계선입니다. 더 내려가면 네게브 사막이 펼쳐집니다. 1년 강우량이 200㎜ 정도인 이곳에서도 이삭은 우물이 있었기 때문에 거부가 될 수 있었습니다.

그러나 가뭄이 계속되면 얕은 우물은 모두 말라 버립니다. 땅에서 물이 나오지만 결국 하늘에서 내리는 비가 없이는 땅에서도 나올 수 없기 때문입니다. 야곱이 식구들을 이끌고 이집트로 이주했을 때 바로에게 이런 말을 했습니다. "가나안 땅에 기근이 심하여 종들의 양 떼를 칠 곳이 없기로 종들이 이곳에 거류하고자 왔사오니 원하건대 종들로 고센 땅에 살게 하소서."(창 47:4)

광야나 사막 지역에도 우기에 비가 많이 내리면 홍수가 나기도 하고 시내가 흐릅니다. 이렇게 일시적으로 생기는 시내를 와디라고 부릅니다. 이렇게 물이 흐를 때 목자는 웅덩이에 물을 모아 놓습니다. 선한 목자는 양에게 물을 공급하기 위해 물이 흐르는 곳을 찾아가고, 때로는 우물을 파는 수고를 아끼지 않습니다.

양은 목이 마르면 갈증을 해소하기 위해 계속해서 물을 찾습니다. 그러나 맑고 깨끗한 물을 얻지 못하면 때로는 세균이 득실거리는 더럽고 오염된 물을 마시고 병에 걸리기도 합니다. 양이 맑은 물을 마시는 것은 온전히 목자의 돌봄에 달려 있습니다. 선한 목자는 양 떼가 물을 마시기에 좋은 곳을 압니다. 선한 목자는 양들에게 물을 부족함이 없이 공급해 줍니다.

양의 모습이 바로 우리의 모습입니다. 우리의 영적인 갈증을 채워 줄 수 있는 분은 오직 선한 목자이신 주님입니다. 우리의 영혼은 끊임없이 생명의 물을 공급받아야만 합니다. 그렇지 않고서는 건강하고 행복한 신앙생활이 불가능합니다. 우리는 죄악이 가득한 세상, 불의와 고난의 도전과 사탄의 시험 속에서 영적인 갈증을 느낍니다. 성 어거스틴은 "오 하나님, 주님은 주님을 위해 우리를 지으셨으니 우리 영혼이 주님 안에서 안식을 찾을 때까지 쉴 수 없습니다."라고 기도했습니다. 그렇습니다. 인생의 갈증은 오직 선한 목자이신 예수 그리스도를 통해서만 해갈됩니다. 우리 인생은 오직 그리스도 안에서만 참된 만족과 쉼을 누립니다.

이슬의 은혜

|

건강한 양은 이른 아침의 이슬을 먹습니다. 여기에 양의 건강과 행복이 있습니다. 우리가 인생의 기갈과 가뭄과 고난의 광야 속에서도 만족함과 쉼을 얻는 길은 선한 목자이신 주님의 인도하심을 따라 이슬의 은혜를 누리는 데 있습니다. 영적 승리의 삶은 양이 아침 이슬을 먹듯이 일상 속에서 매일 매일 주님의 음성을 듣고, 우리와 함께하시는 하나님의 생수이신 성령님의 충만하심 가운데 거하는 것입니다. 아침에 내리는 이슬의 은혜가 우리를 살립니다.

하나님은 호세아 선지자를 통해 이슬의 은혜를 약속해 주셨습니다. "내가 이스라엘 위에 이슬처럼 내릴 것이니, 이스라엘이 나리꽃처럼 피고, 레바논의 백향목처럼 뿌리를 내릴 것이다."(호 14:5) 다윗은 하나님이 내리시는 아침 이슬의 은혜를 의지하였습니다. "여호와여 아침에 주께서 나의 소리를 들으시리니 아침에 내가 주께 기도하고 바라리이다."(시 5:3) 하루를 언제나 이슬의 은혜로 여는 성도는 건강하고 행복합니다. 아침마다 하나님의 음성을 듣고 성령님의 능력을 의지하는 성도는 그 기쁨과 평안과 만족함이 멈추지 않을 것입니다. 이것이 선한 목자를 따르는 양의 행복입니다.

저 장미꽃 위의 이슬 아직 맺혀 있는 그때에

귀에 은은히 소리 들리니 주 음성 분명하다

주가 나와 동행을 하면서 나를 친구 삼으셨네

우리 서로 받은 그 기쁨은 알 사람이 없도다

(찬송가 442장)

이른 아침 은은히 들리는 주님의 음성을 들으며 예수님과 교제를 나누는 사람은 영혼의 갈증이 사라지고, 마음의 평화와 안정과 쉼을 얻습니다. 이슬의 은혜를 누리십시오. 이슬의 은혜를 사모하십시오. 하루를 여는 아침은 이슬의 은혜를 누리는 최고의 시간입니다. 이슬은 한낮이 아니라 밤에 맺힙니다. 우리가 밤 같은 인생을 지날 때 이슬의 은혜는 아주 가까이에 있습니다. 인생의 깊은 밤일수록 우리는 이슬의 은혜를 누릴 수 있습니다.

메누하(안식)의 은혜

I

"그가 나를 푸른 풀밭에 누이시며 쉴 만한 물가로 인도하시는도다." 이전 성경에서는 '쉴 만한 물가'가 아니라 '잔잔한 물가'였습니다. '잔잔한' 것과 '쉴 만한' 것은 조금 다릅니다. 원어는 메누하(메누호트)의 물가입니다. '메누하'라는 단어에는 정지, 쉼, 휴식, 안식, 평온, 고요함, 평화의 의미가 다 들어 있습니다. 그러므로 메누하의 물가는 정지된 물, 잔잔한 물이라는 뜻과 안식의 물이라는 뜻이 있습니다.

양은 세차게 흐르는 물을 싫어합니다. 양은 수영을 잘하지 못할 뿐만 아니라, 양의 털은 다른 섬유보다 물을 4배나 빨리 흡수합니다. 그래서 자칫하면 양이 물에 잘못 들어갔다면 물을 머금은 털로 무거워져서 물에 빠져 죽게 됩니다. 양은 흐르는 물을 두려워합니다. 그래서 목자는 양이 두려워하지 않고 물을 마실 수 있는 잔잔한 물가로 인도합니다. 흐르는 물에는 돌을 쌓아서 흐름을 늦추고 물살이 잔잔하게 해줍니다. 양에게는 고요하게 흐르거나 잔잔한 물이 필요합니다.

또한 메누하의 물은 안식의 물입니다. 고요하게 물이 흐르거나 잔잔한 물가에 있는 나무 그늘에서 만족스럽게 풀을 뜯은 양은 소화하기 위해 눕습니다. 이때 잔잔한 물가는 쉴 만한 물가, 안식의 물가가 됩니다. 그곳에서 양은 평안합니다. 쉼을 누립니다. 푸른 풀밭과 쉴 만한 물가는 양이 만족과 평온함 속에 쉴 수 있는 최고의 장소이며 조건입니다.

잔잔한 물과 쉴 만한 물은 선한 목자를 따르는 양의 특권입니다. 우리가 선한 목자를 따르고 의지할 때 주님은 우리를 쉴 만한 물가로 인도하셔서 참된 평안함과 안식을 주십니다. 주님은 우리를 완전한 만족과 쉼의 길, 곧 메누하의 물가로 인도하여 주십니다.

"수고하며 무거운 짐을 진 사람은 모두 내게로 오너라. 내가 너희를 쉬게 하겠다. 나는 마음이 온유하고 겸손하니, 내 멍에를 메고 나한테 배워라. 그리하면 너희는 마음에 쉼을 얻을 것이다."(마 11:28-29)

주님이 머리이신 교회, 그리스도의 몸인 교회는 메누하의 물가이며 구원의 우물입니다. 예수님은 장막절에 예루살렘에서 이렇게 외치셨습니다. "목마른 사람은 다 나에게로 와서 마셔라. 나를 믿는 사람은, 성경이 말한 바와 같이, 그의 배에서 생수가 강물처럼 흘러나올 것이다."(요 7:37-38)

선한 목자이신 주님은 주님을 믿고 따르는 성도를 만족한 풀밭과 안식의 물가로 인도하여 주십니다. 교회는 그 주님의 몸입니다. 이스라엘은 물이 귀한 나라입니다. 그러므로 생수를 마신다는 것은 놀라운 은혜입니다. 예수님은 그 생수를 약속하셨습니다. 그러나 불행하게도 많은 사람이 그리스도의 음성과 생명의 성령이 아니라, 세상의 안락과 재물과 명예와 권력으로 영혼과 인생의 갈증을 채우려고 합니다. 세상의 그 무엇도 그리스도를 대신할 수 없습니다. 그 어떤 대용물로도 우리의 영혼은 채워질 수 없습니다. 세상의 우물로는 어떤 갈증도 채울 수 없습니다.

하나님은 예레미야 선지자를 통해 이스라엘 백성들의 잘못을 이렇게 책망하셨습니다. "내 백성이 두 가지 악을 행하였나니 곧 그들이 생수의 근원 되는 나를 버린 것과 스스로 웅덩이를 판 것인데 그것은 물을 가두지 못할 터진 웅덩이들이니라."(렘 2:13) 하나님의 자녀가 생수의 근원이 되시는 주님을 버리고 스스로 웅덩이를 판다면 그것은 모두 터진 웅덩이일 뿐입니다. 우리는 오직 주님 안에서만 참된 만족을 누릴 수 있습니다.

주님의 몸인 교회는 생수를 주시는 은혜의 샘물이며 우물과 같습니다. 주님의 몸을 떠나서는 생수를 얻을 수 없습니다. "사람이 내 안에 머물러 있고, 내가 그 안에 머물러 있으면, 그는 많은 열매를 맺는다. 너희는 나를 떠나서는 아무것도 할 수 없다. 사람이 내 안에 머물러 있지 아니하면, 그는 쓸모없는 가지처럼 버림을 받아서 말라버린다."(요 15:5-6) "보라 하나님은 나의 구원이시라 내가 신뢰하고 두려움이 없으리니 주 여호와는 나의 힘이시며 나의 노래시며 나의 구원이심이라. 그러므로 너희가 기쁨으로 구원의 우물들에서 물을 길으리로다."(사 12:2-3)

지금 우리는 어디에 있습니까? 푸른 풀밭에 있습니까? 쉴 만한 물가에 있습니까? 우리를 향한 하나님의 생각은 평안과 만족입니다. (렘 29:11) 주님은 양들이 언제나 생명 말씀을 먹고, 성령의 생수를 마시며, 아름다운 열매를 풍성히 맺기를 원하십니다. 우리는 단지 주님의 인도하심을 따르면 됩니다. 주님을 따르는 우리 삶에 쉴 만한 물가의 참 평안과 안식이 넘치기를 축복합니다. 우리 교회가 메누하의 물가가 되고, 구원의 우물에서 생수를 긷는 복된 교회가 되기를 축복합니다.

"주께서 나를 쉴 만한 물가로 인도하도다."

1. 양이 수분을 얻는 세 가지 방법은 무엇입니까?

2. 우리는 아침 이슬의 은혜를 어떻게 누릴 수 있을까요?

3. 안식의 메뉴하인 쉴 만한 물가는 어디(누구)입니까?

4. 예레미야 선지자를 통해 책망하신 이스라엘의 죄는 무엇이었습니까?(렘 2:13)

5. 우리 모두에게는 쉴 만한 물가가 필요합니다. 진정한 안식이 있는 삶을 위해서 우리가 바꾸거나 결단해야 할 점은 무엇일까요?

살아납니다!
영혼을 소생시켜 주시니

1 여호와는 나의 목자시니 내게 부족함이 없으리로다 2 그가 나를 푸른 풀 밭에 누이시며 쉴 만한 물가로 인도하시는도다 3 **내 영혼을 소생시키시고** 자기 이름을 위하여 의의 길로 인도하시는도다 4 내가 사망의 음침한 골짜 기로 다닐지라도 해를 두려워하지 않을 것은 주께서 나와 함께 하심이라 주의 지팡이와 막대기가 나를 안위하시나이다 5 주께서 내 원수의 목전에 서 내게 상을 차려 주시고 기름을 내 머리에 부으셨으니 내 잔이 넘치나이 다 6 내 평생에 선하심과 인자하심이 반드시 나를 따르리니 내가 여호와 의 집에 영원히 살리로다.(시편 23:1-6)

시인은 하나님이 목자이시니 든든하고 만족하다고 노래했습니 다. 평안하며 쉼을 누린다고 노래했습니다. 이제 시인은 자신의 "영혼이 소생한다."라고 노래합니다. '영혼'은 히브리어로 '네페쉬' 입니다. 하나님이 아담과 하와를 흙으로 만드시고 생기를 불어넣

으시자 '생령'이 되었습니다. (창 2:7) 그 '생령'이 바로 네페쉬입니다. 또한 '소생'(슈브)이라는 단어에는 이전 상태로 돌아가거나 새롭게 회복되는 것, 혹은 치료되어 다시 살아난다는 의미가 있습니다. 그러므로 "영혼이 소생한다."라는 것은 곧 생명을 회복시켜 주시고, 새롭게 해 주신다는 뜻입니다.

양은 목자가 회복시켜 주고 살려 주어야 할 일을 종종 만납니다. 때로는 긴급하고 위험한 일도 생깁니다. 그런 일은 대개 다음과 같은 두 가지 경우에 일어납니다. 하나는, 양이 계속 목자를 따르지 않고 더 좋아 보이는 곳으로 가다가 목자를 놓치거나 무리와 떨어질 때입니다. 양이 외톨이가 되거나 길을 잃으면 양은 두려움과 죽음의 위협을 느끼게 됩니다. 맹수들은 항상 멀찍이서 지켜보다가 이렇게 무리에서 떨어지거나, 도망친 양을 표적으로 삼기 때문입니다.

다른 하나는, 양의 몸이 완전히 뒤집히는 경우입니다. 몸이 통통하고 다리가 짧은 양은 뒤집히게 되면 스스로 일어나지 못하는 경우가 많습니다. 더군다나 움푹한 곳에서 뒤집히면 일어나기가 더 힘듭니다. 양은 놀라서 두려움에 소리를 지르며 바둥거리지만 소용없습니다. 더군다나 양은 되새김질하는 동물인데 뒤집히게 되면 첫 번째 위에 있는 소화되지 않은 풀에서 생기는 가스가 차올라

혈액순환이 어려워지고, 장시간 혈액순환이 안 되면 무더운 날에는 죽을 수도 있습니다. 양이 뒤집힌 채로 여러 날을 견디기도 하지만 탈진하여 점차 힘을 잃고 죽거나 쉽게 맹수들의 먹잇감이 됩니다. 다음 영상은 이것을 잘 보여줍니다.

"fat sheep gets saved 넘어진 살찐 양"

(https://www.youtube.com/watch?v=1lMGnrzUytI&feature=youtu.be)

양이 넘어져 뒤집히는 경우

우리는 양이 실제로 넘어져서 바둥거리는 모습을 보았습니다. 양이 넘어지고 뒤집히는 경우는 다양합니다.

편안한 구덩이

양은 땅이 우묵하게 파인 곳을 찾아 편안하게 눕는 성향이 있습니다. 그런데 이런 곳에 눕다 보면 몸이 우묵한 안쪽으로 구르기 쉽습니다. 이때 몸의 중심을 잃게 되면서 양은 완전히 구덩이에서 뒤집히고 맙니다. 뒤집힌 양은 공포에 사로잡혀 네 발을 버둥

쉴 만한 물가로

거리지만 그렇게 할수록 몸은 흙으로 더 깊이 들어가고 결국 일어 날 수 없게 됩니다. 이런 어려움에 빠지는 양이 따로 있는 것은 아 닙니다. 어느 양이라도 이런 상황에서는 뒤집히기 쉽습니다. 이때 목자가 빨리 이 사실을 알아차리고 양을 구해 주지 않으면 그 양은 죽을 수도 있습니다. 따라서 목자는 매일 양의 수를 헤아리면서 점 검합니다. 양이 보이지 않으면 목자는 이 양이 어딘가에서 뒤집혀 있을 것이라는 생각을 하면서 그 양을 빨리 찾아 나섭니다.

깎지 않은 양털

양은 털이 너무 많으면 움직이는 것이 둔해집니다. 털에는 온갖 진흙과 배설물과 풀의 가시와 열매가 들러붙어서 거동이 불편해 집니다. 온갖 지저분하고 더러운 것들이 달라붙어서 위생적으로 몹시 나쁩니다. 이런 양들은 조금만 몸의 균형을 잃어도 금방 넘어 지고 맙니다. 그러므로 목자는 양의 털이 길어지면 제때 깎아 줍니 다. 물론 양은 털 깎는 것을 좋아하지는 않기에, 목자가 털을 깎는 것은 쉬운 일이 아닙니다. 그러나 목자는 반드시 이 일을 합니다. 그리고 털을 깎아 주어야만 목자의 마음이 놓입니다. 털을 깎아 주 면 무겁고 답답한 겨울 외투를 벗어 버리고 봄의 가벼운 옷을 입은 것처럼 양은 경쾌하게 움직일 수 있습니다.

너무 살이 찐 경우

양이 넘어져서 뒤집히게 되는 또 다른 원인은 너무 살이 찐 경우입니다. 지나치게 살이 찐 양은 건강하지 않습니다. 자주 넘어지는 양은 주로 살이 찐 양입니다. 무거운 몸무게를 통제하는 것이 힘들기 때문입니다. 먹기만 하여 살이 찐 양들은 움직이기를 싫어합니다. 몸이 둔해지면 쉽게 무기력해지고, 작은 구덩이에서도 잘 자빠집니다. 그러므로 목자는 지나치게 살찐 양은 관심을 가지고 관리해 줍니다. 더 많이 움직이게 하고, 먹이는 풀의 양도 줄입니다. 그러지 않으면 넘어져서 치명상을 입거나 목숨을 잃게 될 가능성이 크기 때문입니다.

양을 잘 아는 다윗은 사람이 꼭 양과 같다는 것을 알았습니다. 그리고 자신은 양과 같은 존재로서 목자이신 주님이 얼마나 필요한 존재인지를 잘 알았습니다. 그러기에 그는 목자이신 주님이 자신의 영혼을 소생시켜 주시는 분임을 노래하였습니다. 양이 위기를 만나고 구덩이에 빠져 움직이지 못하듯, 우리도 종종 영적인 침체에 빠지거나 곤경을 만납니다. 우리는 다양한 이유로 영적인 침체에 이릅니다.

주님과 가족을 떠남

|

양이 목자를 떠나 딴 길로 가거나, 무리에서 떨어지게 되면 맹수의 위협과 죽음의 위기를 맞는 것처럼 우리도 그렇게 넘어질 때가 있습니다. 선지자 요나는 하나님이 부르시고 소명을 주셨지만, 이방인도 구원하시려는 하나님의 자비하심이 마음에 들지 않는다고 하나님을 떠나 자신의 길로 도망하였습니다. 자기주장과 확신을 내려놓지 못하고 하나님의 길을 벗어났습니다. 하나님께 순종하며 의지하기보다는 자신의 길로 나아갔습니다. 결국, 요나는 풍랑이 일어나는 바다에 던져지고 극심한 두려움과 죽음의 위기를 맞았습니다.

이처럼 우리는 주님의 품을 떠나 세상으로 향하기 쉽습니다. 자기 생각과 세상의 일에 정신을 빼앗기다 보면 목자의 음성을 듣지 못합니다. 믿음의 가족과 멀어지기도 합니다. 영적 침체는 주님을 떠나고 믿음의 가족을 떠날 때 생깁니다.

목자는 양이 무리에서 떨어지거나 딴 곳으로 가는 것을 보면, 큰소리로 부르거나 물맷돌을 던져 경고합니다. 흔한 일은 아니지만, 목자는 상습적으로 무리에서 벗어나는 양의 다리를 일부러 부러

뜨릴 때도 있습니다. 그리고 그 양을 품에 안고 다닙니다. 그렇게 하지 않으면 맹수의 밥이 되어 죽기 때문입니다.

선한 목자는 목자를 떠나고 무리에서 벗어나 양이 보이지 않게 되면 끝까지 그 양을 찾아냅니다. (마 18, 눅 16) 양의 이름을 부르며 양이 갈만한 곳, 양이 무리를 떠나 헤매는 곳을 두루 살펴 반드시 양을 찾아냅니다. 그리고 그 양을 찾으면 목에 걸거나 어깨에 메고 양의 무리가 있는 곳으로 돌아옵니다. 우리의 주님이 바로 그와 같은 선한 목자이십니다. 모세는 하나님이 이스라엘 백성들을 목자와 같이 돌보셨음을 이렇게 표현했습니다. "광야에서도 너희가 당하였거니와 사람이 자기의 아들을 안는 것같이 너희의 하나님 여호와께서 너희가 걸어온 길에서 너희를 안으사 이곳까지 이르게 하셨느니라."(신 1:31)

주님은 우리가 주님의 품을 떠나거나 믿음의 공동체에서 멀어질 때, 말씀과 사람과 상황을 통해 우리에게 경고하시고, 책망하십니다. 애타게 우리를 찾으시고, 기다리시고, 부르십니다. 마귀는 우는 사자와 같이 주님의 길을 벗어난 성도를 삼키려고 하기 때문입니다.

양의 무리에서 떨어져 외톨이가 되지 않으려면 목자의 음성을 듣고, 앞에 가는 양을 잘 따라가며, 무리와 함께 움직여야 합니다. 우리도 마찬가지입니다. 하나님의 음성에 귀를 기울이고 성도 간에 친밀한 믿음의 교제를 계속해야 합니다. 교회의 영적 지도와 선한 리더들을 잘 따르고 순종해야 합니다. 영적인 침체는 혼자가 될 때 쉽게 찾아오기 때문입니다. 코로나19가 우리에게는 자칫 영적 침체의 위기가 될 수 있습니다. 이때 우리는 더욱 주님의 말씀을 가까이하고, 서로의 마음이 멀어지지 않도록 힘써야 합니다. 대면 만남이 부담스럽지만, SNS 등 가능한 방법을 찾아 서로 연락하고 기도하며 더욱 끈끈한 사랑의 유대를 지켜야 합니다. 영적 침체의 위기에 빠지지 않도록 지혜롭게 대처해야 합니다.

양이 넘어지고 뒤집히고 바둥거리는 것처럼 우리들의 인생도 뒤집히는 위기의 때가 있습니다. 다윗도 무수한 위기를 만났습니다. 절망을 경험했고, 패배를 맛보았고, 유혹에 빠지면서 극심한 영적 침체를 경험했습니다. "내 영혼아 어찌하여 낙망하며 어찌하여 내 속에서 불안하여 하는고?"(시 42:11) 이것이 다윗의 절규였습니다. 양이 뒤집히듯 우리도 넘어집니다. 이때에는 오직 선한 목자이신 주님만이 우리를 살려내고 일으켜 주십니다.

안락함

|

양들이 우묵하고 편안한 구덩이를 찾고 좋아하다가 그곳에 빠지듯이 우리는 자신이 무엇인가 해냈다고 자만하며 그 안락함에 머무르려다가 넘어집니다. 편안과 안락에 안주하려는 삶에는 넘어짐의 위기가 찾아옵니다. 사도 바울은 말씀하셨습니다. "그러므로 서 있다고 생각하는 사람은 넘어지지 않도록 조심하십시오."(고전 10:12) 자기만족에 빠지고 안락한 삶에 안주하려고 할 때 우리는 삶의 방향을 잃고 무너지기 쉽습니다. 우리가 단지 편안함만 추구하며 자신을 돌아보고 회개하는 삶을 멈출 때 우리의 삶은 중심을 잃고 넘어집니다. 세상의 무익한 잡담과 귀와 눈을 즐겁게 하는 유흥에 빠질 때 우리도 모르는 사이 거룩한 삶은 조금씩 무너집니다. 목자가 양을 알 듯, 주님은 우리의 이런 모습도 다 아십니다. 우리가 그렇게 쉽게 무너짐을 아십니다. 그래서 주님은 달려오셔서 우리를 구덩이에서 건져 주시고, 바로 서도록 잡아 주십니다. 다윗은 이런 주님을 잘 알았습니다.

"주님께서 내 생명을 죽음에서 건져 주시고, 내가 생명의 빛을 받으면서, 하나님 앞에서 거닐 수 있게, 내 발을 지켜주셨기 때문입니다."(시 56:13)

비록 우리는 실수하고 무너지지만, 목자이신 주님은 우리가 중심을 잃고 넘어질 때 잡아 주시고 다시 세워 주십니다. 끊임없이 우리를 돌보시는 주님은 뒤집힌 인생, 파산한 인생에 다가오셔서 잡아 일으켜 세워 주십니다. 베드로가 주님을 배반하고 고향으로 내려갔을 때 그의 인생은 완전히 뒤집히고 파산하였습니다. 그러나 부활하신 주님은 갈릴리로 찾아오셔서 뒤집힌 그의 인생을 소생케 하셨습니다. 그를 품어 주시고 그의 이름을 부르시고 "내 양을 먹이라."라고 하시며 사명을 주셨습니다. 우리에게는 영혼을 소생시켜 주시는 선한 목자, 주님이 계십니다. 그러므로 우리는 어떤 상황에서도 목자를 신뢰하며 목자를 부를 수 있습니다.

자기 욕심

ㅣ

양이 털이 많으면 넘어지듯이 성도 역시 털이 많으면 무너집니다. 성도에게 양의 털은 포기하지 못하고 꼭 붙잡고 있는 자기중심적인 욕망입니다. 양털에 낀 진흙과 온갖 오물로 무거워져 균형을 잃듯이 우리가 세상의 욕심과 정욕을 버리지 못하면, 우리의 마음과 영혼이 얽매이고 무거워지고 결국 영적인 침체에 빠져 넘어집니다. 목자는 양의 털이 많아지면 제때에 털을 깎아 줍니다. 우리의 주님도 우리의 삶에서 무거워진 짐을 벗겨 주시고 침체에서 벗어나 풍성한 열매를 맺게 하십니다. (요 15:2)

"수고하고 무거운 짐 진 자들아 다 내게로 오라 내가 너희를 쉬게 하리라."(마 11:28)

그러므로 우리는 주님 앞에 인생의 짐을 내려놓고 우리의 탐욕과 이기적인 욕망을 주님의 다스리심에 맡길 수 있습니다. 또한, 말씀은 우리의 마음을 가볍고 온전하게 해 줍니다. "하나님의 말씀은 살아 있고 힘이 있어서, 어떤 양날 칼보다도 더 날카롭습니다. 그래서, 사람 속을 꿰뚫어 혼과 영을 갈라내고, 관절과 골수를 갈라놓기까지 하며, 마음에 품은 생각과 의도를 밝혀냅니다."(히 4:12) 양날이 선 검과 같은 주님의 말씀 앞에 우리 자신을 숨김없이 내어 드릴 때, 말씀과 성령님의 은혜로 죄의 짐을 벗어 버리고 우리의 영혼은 소생하게 됩니다.

세상의 부함

|

양이 너무 살이 찌면 쉽게 넘어지듯이 그리스도인도 자신의 세

상의 부함을 의지할 때 넘어집니다. "너는 풍족하여 부족한 것이 조금도 없다고 하지만, 실상 너는, 네가 비참하고 불쌍하고 가난하고 눈이 멀고 벌거벗은 것을 알지 못한다."(계 3:17)

라오디게아 교회의 성도들은 세상적으로는 풍족하였습니다. 그러나 영적으로는 비참하고 가난하여 불쌍한 상황에 빠져들고 있었습니다. 세상의 만족과 물질의 풍요가 우리의 인생과 영혼을 보장할 수 없습니다. 세상의 온갖 유흥과 쾌락에 빠져 사는 삶은 참된 행복이 아닙니다. 우리가 탐욕에 빠지면 영적인 침체가 찾아옵니다. 세상의 곳간을 크게 늘리는 데만 관심을 가지고 자신의 영혼을 돌보지 못하면 결국 무너집니다. (눅 12장)

목자는 자주 넘어지는 살찐 양은 좀 더 많이 움직이게 하고, 꼴을 적게 먹이면서 돌봐 주어 튼튼하고 강하고 건강한 양이 되도록 힘씁니다. 이처럼 우리가 세상의 쾌락과 풍요와 물질의 만족에 빠질 때 주님은 우리를 바로 잡으시기 위해 징계하시며 훈련하게 하십니다. 주님은 우리가 건강하고 복된 성도가 되기를 원하시기 때문입니다. 이것은 목자의 사랑입니다.

"주님께서는 사랑하시는 사람을 징계하시고, 받아들이시는 아들마다 채찍질하십니다. 하나님께서는 우리를 자기의 거룩하심에

참여하게 하시려고, 우리에게 유익이 되도록 징계하십니다. 무릇 징계는 어떤 것이든지 그 당시에는 즐거움이 아니라 괴로움으로 여겨지지만, 나중에는 이것으로 훈련받은 사람들에게 정의의 평화로운 열매를 맺게 합니다."(히 12:6, 11)

비록 훈련이 그 순간에는 힘들고 고통스러워도 믿음으로 인내하면, 우리를 무너진 인생의 구덩이에서 건져 내서 구원하시고 소생케 하시는 주님의 은혜의 손길을 누릴 수 있습니다. 이렇게 우리는 더욱 강건하고 복된 삶을 누립니다.

사랑하는 성도 여러분, 주님은 우리를 살아나게 하시는 선한 목자이십니다. 우리가 어떤 상황에서 무슨 일을 만나도 주님의 돌보심과 사랑 안에 거한다면 우리는 일어날 수 있습니다. 코로나19의 두려움과 고난과 아픔과 역경의 길 가운데 있더라도, 영적 침체의 늪에 빠져 있더라도, 어떤 상황에서도 주님이 선한 목자이심을 잊지 마십시오. 주님께서 일으켜 주시고, 세워 주시고, 회복시켜 주시고, 다시 새 힘을 주시기를 축복합니다. 우리, 다윗과 함께 노래합시다.

"주님이 내 영혼을 살아나게 하신다!"

쉴 만한 물가로

1. '영혼이 소생한다.' 라는 것은 무슨 뜻입니까?

2. 양은 언제 '위험한 상황'에 빠집니까?

3. 성도가 영적 침체에 이르는 네 가지 경우를 설명해 보십시오.
   그리고 자신의 삶에서 언제 영적 침체에 빠졌는지, 혹은 어떻게
   그 침체를 극복했는지 경험을 나누어 봅시다.

4. 영적 침체에서 벗어나려면 개인이 혹은 공동체가 어떻게 해야
   할까요?

6

따릅니다!
의의 길로 인도하시니

1 여호와는 나의 목자시니 내게 부족함이 없으리로다 2 그가 나를 푸른 풀밭에 누이시며 쉴 만한 물가로 인도하시는도다 3 내 영혼을 소생시키시고 **자기 이름을 위하여 의의 길로 인도하시는도다** 4 내가 사망의 음침한 골짜기로 다닐지라도 해를 두려워하지 않을 것은 주께서 나와 함께 하심이라 주의 지팡이와 막대기가 나를 안위하시나이다 5 주께서 내 원수의 목전에서 내게 상을 차려 주시고 기름을 내 머리에 부으셨으니 내 잔이 넘치나이다 6 내 평생에 선하심과 인자하심이 반드시 나를 따르리니 내가 여호와의 집에 영원히 살리로다.(시편 23:1-6)

주님이 목자이실 때 우리는 만족합니다. 주님이 목자이실 때 우리는 평안하며, 생기가 살아납니다. 선한 목자의 돌봄과 사랑을 받는 양은 언제나 건강하고 행복합니다.

만약 잘 가꾸어진 목장과 건강하게 뛰노는 양을 본다면 사람들은 양이 아닌 목자를 칭찬할 것입니다. 그러나 거꾸로 목장이 황폐하고 양들이 마르고 쇠약하다면 그런 양의 목자는 선한 목자가 아닙니다. 그 목자의 평판은 땅에 떨어지고 맙니다. 그는 게으른 목자요, 양을 사랑하지 않는 목자입니다. 좋은 평판을 받으려면 목자는 언제나 양을 세심하게 인도하고 돌봐야 합니다. 목자가 어떻게 양을 인도하느냐에 따라서 목자의 이름의 가치가 결정됩니다. "자기 이름을 위하여 의의 길로 인도하시는도다."라는 말씀은 바로 이 점을 잘 드러냅니다. 목자의 이름의 명예와 영광은 양의 모습을 통해 드러납니다.

목자는 양의 습성을 잘 알고 있습니다. 양은 같은 것을 반복하는 습성을 가지고 있습니다. 그래서 양을 내버려 두면 같은 장소에서만 계속해서 풀을 뜯어 먹습니다. 양은 멀리 보지 못하기에 눈앞에 있는 풀만 봅니다. 그러니 자칫하면 양은 풀의 밑동과 뿌리를 상하게 할 정도로 바싹 뜯어먹습니다. 뿌리가 파헤쳐진 풀은 회복할 수 없습니다. 또한, 양은 계속 같은 길로만 다니려고 합니다. 이때에도 목자가 그냥 내버려 두면 양이 다니는 길은 금방 움푹 패고 풀이 자라지 못합니다. 양을 그대로 내버려 둔다면 그 목장은 금방 황폐해질 것입니다. 푸른 풀밭은 머잖아 회복할 수 없는 상태가 되고 말 것입니다.

목자는 자신의 명예와 이름을 걸고 양을 인도합니다. 풀밭의 상태와 풀을 뜯는 양 사이에 적절한 균형이 잘 유지되도록 합니다. 목자는 목초지의 상태에 따라 양들이 목초지에서 최대한 풀을 뜯은 후에는 즉시 이동합니다. 한곳에 너무 오래 머물지 않습니다. 그래야 풀이 다시 자라날 수 있습니다. 선한 목자는 목초지와 양에 대해 탁월한 지식을 가지고, 지혜와 경험에 따라 양을 인도하여 풀밭과 양들이 최선의 상태를 유지하게 합니다. 풀밭과 양의 상태는 목자의 이름과 명예를 판가름하는 기준이 됩니다.

그뿐만 아니라 양은 언제든 길을 잃고 방황하기 쉽습니다. 그러므로 "그가 나를 의의 길로 인도하신다."라는 표현은 양이 바른길을 따르지 못하고 벗어나 방황하고 헤맬 때 목자가 찾아와 바른길로 인도하여 주셨다는 뜻입니다. 목자는 언제나 사랑하는 양 떼를 위해 길을 조심스럽게 살피며 양을 보호하고 인도합니다. 선한 목자는 결코 양을 버리지 않습니다.

하나님과 우리의 관계를 목자와 양으로 비유한 것은 정말 적절합니다. 우리의 모습이 양을 닮은 것을 보면서 우리는 깜짝 놀랍니다. 성경은 말씀합니다. "우리는 다 양 같아서 그릇 행하여 각기 제 길로 갔거늘 여호와께서는 우리 모두의 죄악을 그에게 담당시키셨도다."(사 53:6)

우리는 자신의 주장과 고집을 버리지 못하고 그릇된 습관에 사로잡혀 각기 제 눈에 보이는 길로 갑니다. 눈앞에 놓인 일에 매여 주님의 뜻과 아무 상관없이 살곤 합니다. 우리는 자신의 욕심에 사로잡혀 멀리 보지 못하고 코앞의 일만 따라가기 쉽습니다.

"여러분은 내일 일을 알지 못합니다. 여러분의 생명이 무엇입니까? 여러분은 잠깐 나타났다가 사라져 버리는 안개에 지나지 않습니다."(약 4:14) 우리는 내일 일도 알지 못합니다. 우리는 다 양과 같습니다. 만약 이대로 내버려 둔다면 우리의 영혼은 황폐해지고 말 것입니다. 온갖 악습과 타성과 게으름에 빠져 갈증과 배고픔 속에서 헤맬 수밖에 없을 것입니다. 그러니 우리는 목자가 필요한 양입니다. 언제나 목자의 인도하심이 필요합니다. 신앙생활은 곧 목자의 인도함을 따르는 생활입니다. 목자의 인도함을 따르지 않는다면 희망 없는 인생이 될 수밖에 없습니다.

의의 길로 인도하십니다

|

"자기 이름을 위하여 의의 길로 인도하시도다."

얼마나 놀랍고 은혜로운 말씀입니까? 선한 목자이신 주님이 우리를 의의 길로 인도하십니다! '의의 길'은 직역을 한다면 '똑바로 평평하게 나 있는 길'입니다. 경사가 심하고 비탈진 곳에서 곧장 올라가면 양은 쉽게 지치고 힘들어합니다. 그래서 목자는 지그재그로 양을 인도하며 이동합니다. 시간은 걸리지만, 이렇게 가면 양이 다치거나 위험에 처하지 않습니다. '의의 길'은 안전한 길입니다. 그러므로 이 길은 양에게 가장 '올바른 길'입니다. 선한 목자는 목적지를 알며, 목적지에 이르는 가장 안전하고 바른길을 알기에 언제나 양을 의의 길로 인도합니다.

우리 주님은 우리를 완벽하게 아십니다. 주님은 우리를 위한 길이시며, 그 길로 인도하여 주십니다. "내가 곧 길이요 진리요 생명이니 나로 말미암지 않고는 아버지께로 올 자가 없느니라."(요 14:6) 주님은 이 세상에서 가장 안전하고 유일한 생명의 길이십니다. '길(마야갈)'이라는 단어는 큰 길이 아니라 작고 좁은 길을 말합니다. 주님이 인도하시는 길은 넓은 길이 아니라 좁은 길입니다.

"좁은 문으로 들어가라 멸망으로 인도하는 문은 크고 그 길이 넓어 그리로 들어가는 자가 많고 생명으로 인도하는 문은 좁고 길이 협착하여 찾는 자가 적음이라."(마 7:13-14) 생명으로 인도하는 문으로 가는 길은 좁은 길입니다. 편하고 익숙하고 습관적으로 걷는 길이 아닙니다. 주님은 우리를 편리한 길이 아니라 바른길, 의의 길, 생명의 길로 인도하십니다. 이 길은 안전합니다.

다윗은 주님이 인도하신 생명의 길을 따랐다고 고백합니다. "나는 주의 입술의 말씀을 따라 스스로 삼가서 포악한 자의 길을 가지 아니하였사오며 나의 걸음이 주의 길을 굳게 지키고 실족하지 아니하였나이다."(시 17:4-5) 반면에 우리를 절망과 죽음으로 이끄는 길이 항상 가까이 있습니다. "어떤 길은 사람이 보기에 바르나 필경은 사망의 길이니라."(잠 14:12)

우리 앞에는 항상 두 길이 열려 있습니다. 이번 달 암송 구절인 시편 1편의 시작과 끝은 이렇습니다. "복 있는 사람은 악인들의 꾀를 따르지 아니하며 죄인들의 길에 서지 아니하며 오만한 자들의 자리에 앉지 아니하고 … 무릇 의인들의 길은 여호와께서 인정하시나 악인들의 길은 망하리로다."(시 1:1, 6) 눈에 보인다고 다 길이 아닙니다. 사망의 길이 있고 생명의 길이 있습니다. 악의 길이 있고 선의 길이 있습니다. 죄의 길이 있고 의의 길이 있습니다. 저주의 길이 있고 복의 길이 있습니다.

주님은 선한 목자이시기에 우리를 의의 길로 인도하십니다. 생명의 길로 인도하십니다. 좁은 길이지만 생명의 길입니다. 좁은 길이지만 은혜의 길입니다. 좁은 길이지만 천국으로 인도하는 복의 길입니다. 이 길이 우리에게 가장 안전합니다. 근시안적인 생각과 고집을 내려놓고 주님의 인도하심을 믿고 즐겁게 따를 때, 우리는 행복한 성도가 될 수 있습니다.

앞서 행하시며 인도하십니다

우리 주님은 언제나 우리를 앞서 일하시는 분이십니다. 모세는 하나님이 이스라엘 백성들을 이집트에서 인도하실 때 그들을 앞서서 인도하셨음을 상기시켰습니다. (신 1:30) 그들보다 앞서 홍해를 가르시고 마른 땅에 되게 하셨습니다. 예수님은 항상 제자들보다 앞서서 가셨습니다. 앞서서 섬김의 본을 보여 주셨고, 사랑의 삶을 보여 주셨습니다. 앞서서 십자가의 길을 가셨고, 앞서가시며 영생의 길을 열어 놓으셨습니다. 앞서가신 주님은 이렇게 말씀하셨습니다.

"목자는 자기 양들의 이름을 하나하나 불러서 이끌고 나간다. 자기 양들을 다 불러낸 다음에, 그는 앞서서 가고, 양들은 그를 따라

쉴 만한 물가로

간다. 양들이 목자의 목소리를 알고 있기 때문이다."(요 10:3-4)

주님은 결코 우리를 몰아가지 않으십니다. 앞서가시면서 따라오라고 하십니다.

어느 날 성지순례 중이던 목사님이 버스에서 밖을 내다보니 한 목자가 양들을 막대기로 마구 밀어붙이면서 길을 건너고 있었습니다. 양들은 막대기를 피해서 이리저리로 도망치면서 길을 건넜습니다. 이 모습을 보고 현지인 가이드에게 말했습니다. "저 목자는 양을 무섭게 몰아가네요." 그러자 가이드가 말했습니다. "아닙니다. 저 사람은 목자가 아닙니다. 양을 잡으려고 사 가는 도축업자입니다. 목자는 양을 뒤에서 몰지 않습니다. 앞에서 인도합니다."

그렇습니다. 우리의 선한 목자이신 주님은 우리를 몰아가지 않으십니다. 주님은 카우보이가 아닙니다. 선한 목자이십니다. 그분은 우리를 앞에서 인도하십니다. 2절에서도 목자는 쉴 만한 물가로 인도한다고 노래하였습니다. '인도함'은 목자가 양을 이끄는 가장 중요한 모습입니다. 그러므로 우리는 선한 목자이신 주님을 믿고 따르기만 하면 됩니다. 이것이 믿음의 삶입니다. 믿음의 삶은 따르는 삶입니다. 양의 행복은 따름에 있습니다. 앞서가시는 주님을 따르면 우리는 안전합니다. 행복합니다. 평안합니다.

음성으로 인도하십니다

ㅣ

목자는 양을 인도할 때 자신만의 음성으로 인도합니다. 때로는 피리와 같은 소리를 사용하기도 하지만, 양들은 목자의 음성을 들으면서 목자를 따라갑니다. 양은 목자의 음성을 알아듣습니다.

"내 양들은 내 목소리를 알아듣는다. 나는 내 양들을 알고, 내 양들은 나를 따른다."(요 10:27)

"the good shepherd and his sheep 선한 목자와 그의 양"

(https://www.youtube.com/watch?v=Coq_grSFlNs)

목자의 음성을 듣는 양은 낯선 음성을 따라가지 않습니다. "양들은 결코 낯선 사람을 따라가지 않을 것이고, 그에게서 달아날 것이다. 그것은 양들이 낯선 사람의 목소리를 알지 못하기 때문이다."(요 10:5) 양들은 언제나 앞서가는 목자의 음성을 듣고 따라갑니다. 양은 목자의 음성을 들으면 행복합니다. 평안합니다. 두려움이 사라집니다. 안심합니다.

우리가 목자이신 주님의 음성에 귀를 기울이고, 항상 그분의 음성을 듣는다면 우리는 헛된 길에서 두려움으로 인생을 낭비하지 않을 것입니다. 목자의 음성을 잘 듣는 양은 참된 만족과 기쁨을 누립니다. 그러니 우리는 오직 앞서가시는 주님의 음성을 듣고 따르기만 하면 됩니다. 세상과 사탄의 낯선 음성에는 귀를 닫읍시다. 주님의 음성으로 우리가 살아나고, 평화롭고, 안전해집니다. 양은 목자의 음성을 듣습니다.

하나님의 영광을 위하여

|

이렇게 주님께서 의의 길로 인도하시는 것은 '자기 이름을 위하여' 입니다. 이 말씀은 '자기 이름의 영광을 위하여'라는 뜻입니다. 시편 23편은 '여호와'로 시작되었습니다. 바로 하나님의 이름입니다. 주님은 바로 하나님의 그 이름의 영광을 위하여 우리를 의의 길로 인도하십니다. 천상의 예배를 그려주는 요한계시록에서는 모든 피조물이 이렇게 외칩니다. "보좌에 앉으신 분과 어린 양께서는 찬양과 존귀와 영광과 권능을 영원무궁하도록 받으십시오."(계 5:13)

목자는 양을 통하여 그 이름이 영광 받기를 원합니다. 양은 목자의 명예와 영광을 위해 존재합니다. 주님은 그 자신이 영광스러우신 분이시기에 인간에 의해서 영광이 생기거나 감소하지 않으십니다. 그분 자체가 곧 영광이십니다. 하늘의 주님은 이 땅에 그 이름을 두셨습니다. 그래서 이 땅에 있는 주님의 백성들을 통하여 그 이름의 영광이 드러나기를 원하십니다.

주님의 사랑받는 양은 언제나 선한 주님의 영광을 드러냅니다. 주님의 이름을 가장 존귀하게 여깁니다. 주님의 이름을 경외하며, 그 이름을 경배하며 찬양합니다. 십계명은 여호와의 이름을 망령되게 부르지 말라고 하셨습니다. 우리가 주님의 이름을 찬양하고, 경배하고, 높일 때 의의 길로 인도하시는 주님의 뜻이 이루어집니다. 다윗은 찬양했습니다. "내가 여호와께 그의 의를 따라 감사함이여 지존하신 여호와의 이름을 찬양하리로다."(시 7:17)

이것이 우리의 찬송이 되기를 축복합니다. 앞서 인도하시는 주님을 즐겁게 따르며, 오직 주님의 이름의 영광을 위하여 삽시다. 바울의 말씀처럼 "먹든지 마시든지, 무슨 일을 하든지, 모든 것을 하나님의 영광을 위하여"(고전 10:31) 사는 복된 성도가 되기를 축복합니다.

"자기 이름을 위하여 의의 길로 인도하도다."

1. 목자의 이름의 명예와 영광은 무엇을 통해 드러납니까?

2. "의의 길로 인도하신다."의 의미는 무엇입니까?

3. 목자가 앞서서 인도하는 모습에서 우리는 주님에 관해 무엇을 알 수 있습니까?

4. 양은 목자의 음성을 알아듣는다고 하였습니다. 우리가 목자의 음성을 어떻게 알아들을 수 있을까요?

5. 양이 존재하는 이유는 무엇입니까? 목자는 양에게서 무엇을 기대합니까? 당신은 어떻게 목자의 기대에 맞는 삶을 살 수 있겠습니까?

의지합니다!
나와 함께하시니

1 여호와는 나의 목자시니 내게 부족함이 없으리로다 2 그가 나를 푸른 풀밭에 누이시며 쉴 만한 물가로 인도하시는도다 3 내 영혼을 소생시키고 자기 이름을 위하여 의의 길로 인도하시는도다 **4 내가 사망의 음침한 골짜기로 다닐지라도 해를 두려워하지 않을 것은 주께서 나와 함께 하심이라** 주의 지팡이와 막대기가 나를 안위하시나이다 5 주께서 내 원수의 목전에서 내게 상을 차려 주시고 기름을 내 머리에 부으셨으니 내 잔이 넘치나이다 6 내 평생에 선하심과 인자하심이 반드시 나를 따르리니 내가 여호와의 집에 영원히 살리로다.(시편 23:1-6)

이제 시편 23편의 후반전이 시작됩니다. 지금까지 다윗은 여호와 하나님이 목자가 되어 주심으로 누리는 놀라운 평화와 만족과 기쁨과 행복을 찬송하였습니다. 선한 목자가 있기에 양에게는 어떤 위기와 위험도 없을 것 같았습니다. 그런데 문득 매우 어둡고 절망적인 광경이 펼쳐집니다. "사망의 음침한 골짜기로" 다닌다는 것입니다. "사망의 음침한 골짜기"는 '죽음의 그늘이 짙게 드리워진 어둡고 위험한 골짜기'입니다.

사망의 음침한 골짜기

Ⅰ

실제로 유대의 광야는 어둡고 험한 골짜기와 산들로 이루어져 있습니다. 어두운 그림자로 인해 골짜기는 '사망의 골짜기'가 될 수 있는 곳입니다. 어두운 그림자 속에는 양들을 노리는 맹수가 숨어 있어서 언제 어디서 공격해 올지 모릅니다. 맹수들은 날이 어두워지면 더욱 활발해집니다. 양들은 어두운 것을 두려워합니다. 더군다나 골짜기는 다른 곳보다 더 일찍 어두워집니다. 양에게는 더욱 두려운 곳입니다. 또한 축축한 습기로 인해서 자칫 병을 옮기는 해충을 만나기 쉬운 곳이기도 합니다. 쉽게 미끄러져 다칠 수도 있습니다. 이와 같은 위기와 어려움이 있는 곳이지만, 양이 살기 위해서는 어두운 골짜기를 지나야만 합니다. 왜 그럴까요?

여름이 되면서 건기가 시작되고 찌는 더위와 가뭄으로 인해 좋은 환경에서 풀을 뜯는 것이 점점 어려워집니다. 그러므로 이때가 되면 목자는 양들을 이끌고 고지대로 가야 합니다. 선한 목자는 여름 동안 양 떼를 높은 곳에 있는 여름 방목장으로 부지런히 인도해 갑니다. 때로는 이것이 긴 여행이 되기도 합니다. 이렇게 양들은 높은 고지대에서 여름을 보냅니다.

　그러다가 가을이 오고 기온이 내려가면 목자는 양을 이끌고 다시 내려옵니다. 양은 여름이 오기까지 초장과 우리에서 보내게 됩니다. 이처럼 목자는 계절에 따라 이동하면서 양에게 좋은 꼴을 먹이며 돌봅니다. 이렇게 양이 이동할 때 반드시 지나야 하는 길이 골짜기입니다. 비록 여러 가지 위험이 있지만, 양들이 고지대의 정상을 향해 이동할 때는 골짜기를 따라 올라가는 길이 가장 좋고 안전한 길이 됩니다. 양들은 이렇게 연례적으로 골짜기를 지나면서 삽니다. 그러나 만약 목자가 게으르거나 양들을 내버려 둔다면, 방치된 양들은 여름 동안에도 높은 곳으로 가지 못하고 남아서 배고픔과 무더위의 고통을 겪어야 합니다. 많은 어려움과 문제가 있더라도 사망의 골짜기는 선한 목자를 따르는 양들에게는 생명의 길이 됩니다.

쉴 만한 물가로

어두운 골짜기는 자연스러운 과정이다

|

선한 목자를 따르는 양이지만, 어둠의 골짜기를 지나야 하듯이, 여호와 하나님이 목자가 되신 우리에게도 역경이 있습니다. 시편 23편을 노래한 다윗 왕도 평탄한 꽃길만을 걷지 않았습니다. 그의 삶이 항상 잔잔한 물가와 푸른 풀밭은 아니었습니다. 자신의 목숨을 노리는 사울 왕을 피해 편히 자지도 못하며 도망 다녀야 했습니다. 간음죄로 인하여 극심한 영적 침체에 빠지기도 했습니다. 아들 압살롬의 쿠데타로 인해 왕좌에서 도망하여 맨발로 눈물을 흘리며 감람산을 넘기도 하였습니다. (삼하 15:30) 다윗은 시편 31편에서 이렇게 호소합니다.

"주님, 나를 긍휼히 여겨 주십시오. 나는 고통을 받고 있습니다. 울다 지쳐, 내 눈이 시력조차 잃었습니다. 내 몸과 마음도 활력을 잃고 말았습니다. 나는 슬픔으로 힘이 소진되었습니다. 햇수가 탄식 속에서 흘러갔습니다. 근력은 고통 속에서 말라 버렸고, 뼈마저 녹아 버렸습니다. 나를 대적하는 자들이 한결같이 나를 비난합니다. 이웃 사람들도 나를 혐오하고, 친구들마저도 나를 끔찍한 것 보듯 합니다. 거리에서 만나는 이마다 나를 피하여 지나갑니다. 내가 죽은 사람이라도 된 것처럼, 나는 사람들의 기억 속에서 잊혔

으며, 깨진 그릇과 같이 되었습니다."(9-12절) 그는 깨진 인생길을 걸었으며, 깊은 죽음의 골짜기에서 고통과 슬픔으로 씨름하였습니다.

우리는 주님을 믿고 하나님의 사랑과 돌보심 속에 생명과 천국을 소망하는 삶을 삽니다. 그러나 우리의 삶에도 고난과 어려움은 있습니다. 믿음의 삶이 고난을 면제받은 삶은 아닙니다. 믿음이 좋은 사람도 고통을 당합니다. 열심히 신앙적으로 살려는 사람도 역경을 만납니다. 선한 목자를 잘 따르는 양이라도 골짜기를 지나야 하는 것처럼 우리는 살면서 깊은 죽음의 그림자가 깃든 골짜기를 지날 때가 있습니다.

그러므로 역경의 때에, 인생의 골짜기를 만났을 때 이상하게 여기지 마십시오. 그것 때문에 절망하지 마십시오. 선한 목자가 내겐 없다고 단정하지 마십시오. 잠시 목자가 보이지 않을 수 있으며, 길이 보이지 않을 때도 있겠지만 골짜기를 걷는 것이 인생의 결론이 아닙니다. 골짜기는 과정이며 우리의 믿음은 골짜기를 지날 때 빛을 발할 수 있습니다.

쉴 만한 물가로

목자와 친밀해집니다

|

사망의 그림자가 깊은 골짜기를 걸을 때 양은 그 어느 때보다도 목자가 절실하며, 그만큼 목자와 더 가까워집니다. 우리는 어둠의 골짜기를 지날 때 하나님과 자신의 관계가 어떤 관계인지 확인하게 됩니다. 하나님과의 관계가 얼마나 귀한지를 새롭게 발견합니다. 하나님에 대해 더 깊이 깨닫게 됩니다. 시련과 역경을 통해 우리는 하나님이 우리 인생의 참 소망이심을 깨닫게 됩니다.

욥은 인생의 깊은 죽음의 골짜기를 지나면서 하나님을 새롭게 경험하였습니다. 그리고 고백했습니다. "주님이 어떤 분이시라는 것을, 지금까지는 제가 귀로만 들었습니다. 그러나 이제는 제가 제 눈으로 주님을 뵙니다."(욥 42:5) 단지 귀로만 듣던 하나님, 생각에만 머물던 하나님, 입술에만 머물던 하나님을 직접 경험하고 뵙는 경험을 통해 어둡고 깊은 골짜기에서 주님의 은혜를 고백했습니다.

시편 23편 1-3절에서 시인은 목자를 가리켜, 여호와, '그분'이라고 불렀습니다. 우리 성경에서는 주어가 생략된 부분이 있지만, 원래대로 읽으면 "그분이 나를 푸른 풀밭에 눕게 하시고, 그분이 나를 쉴 만한 물가로 인도하시며, 그분이 나를 소생케 하시고, 그분의 이름을 위하여 의의 길로 인도하신다."입니다. 그러나 4~5절에서는 목자를 향하여 이인칭으로 부릅니다. "…주께서 나와 함께 하심이라. 주의 지팡이와 막대기가 나를 안위하시나이다." 여기서 "주께서"와 "주의"라는 단어는 실제로는 '당신께서'와 '당신의'라는 인칭대명사입니다.

부족함이 없고, 푸른 풀밭에 눕고, 쉴 만한 물가에 있고, 영혼을 소생시켜 주실 때에는 주님을 삼인칭으로 부르는 것으로도 충분했습니다. 그러나 위기와 고난과 역경의 어두운 골짜기 인생에서는 그것으로 부족했습니다. 주님을 아주 가까이 온몸으로 만나고 경험하고 붙잡지 않고서는 나갈 수 없었기 때문입니다.

그러므로 어둠의 깊은 골짜기 인생은 우리에게 하나님을 친밀하게 경험하고, 그분을 온몸으로 만나는 기회요 은혜가 될 수 있습니다. 고난과 역경의 원인이 무엇이든 우리가 목자이신 주님을 따를 때 그 고난은 협력해서 선을 이루시는 놀라운 은혜의 기회가 될 수 있습니다. 이것이 주님을 따르는 양이 누리는 은혜요 행복입니다.

인생의 고난과 위기가 하나님을 만나는 기회가 되기를 축복합니다. 골짜기에서 살아계신 하나님을 경험하기를 축복합니다. 어두운 골짜기가 귀로만 듣던 주님을 눈으로 뵙는 은혜의 자리가 되기를 축복합니다.

믿음 테스트

|

비록 다윗은 인생의 깊은 골짜기를 지나며, 죽음의 그늘이 드리워진 어둠을 만났어도, "해를 두려워하지 않는다."라고 고백합니다. 이 놀라운 용기와 평안은 도대체 어디서 온 것일까요? 수없이 쓰러지고, 실패한 고난의 길에서 그는 무슨 근거로 이런 승리에 찬 고백을 할 수 있었을까요? 그것은 바로 "주께서 나와 함께 하심" 때문입니다.

사망의 어둔 골짜기를 지날 때 우리에게 다가오는 가장 큰 도전과 위험은 바로 목자가 나와 함께하시는지에 대한 확신과 믿음입니다. 우리는 골짜기를 지날 때마다 주님에 대한 온전한 신뢰와 믿음의 여부를 테스트 받습니다. 골짜기의 어둠은 두려움을 줄 뿐만 아니라 목자를 보는 눈도 가리기 때문입니다. 만약 믿음이 대단하고 좋게 보이던 분이 고난 가운데 주님을 의지하지 못하는 것을 보게 된다면 이상한 것이 아닙니다. 누구에게나 인생의 깊은 골짜기에서도 주님을 본다는 것은 쉬운 일이 아닙니다.

골짜기를 지나면서 우리는 주님과의 관계를 확인하게 됩니다. 주님에 대한 믿음과 신뢰를 확인하게 됩니다. 주님을 향한 자신의 헌신과 결단과 사랑이 얼마나 깊은지 확인하게 됩니다. 다윗은 비록 어둠의 골짜기에 들어갔어도, 때로는 넘어졌어도, 다시금 일어섰습니다. 주님에 대한 믿음을 잃지 않았기 때문입니다.

그렇습니다. 어떤 상황에서도 믿음은 골짜기를 지나가게 합니다. 주님이 나와 함께하신다는 믿음, 주님이 나를 인도하신다는 믿음, 주님이 자신의 목자가 되신다는 믿음으로 우리는 골짜기를 지날 수 있습니다. 주님이 자신을 알고 계시며, 지키시며, 일으키시며, 깊은 골짜기에서도 생명의 길로 인도해주신다는 믿음이 우리를 살립니다. 주님의 사랑은 어떤 골짜기보다도 더 깊고 높습니다. "믿음이 이기네 믿음이 이기네 주 예수를 믿음이 온 세상 이기네~" 이것이 우리의 찬송이요, 우리의 고백입니다. 사도 바울의 고백을 들어볼까요?

"누가 우리를 그리스도의 사랑에서 끊을 수 있겠습니까? 환난입니까, 곤고입니까, 박해입니까, 굶주림입니까, 헐벗음입니까, 위협입니까, 또는 칼입니까? 우리는 이 모든 일에서 우리를 사랑하여 주신 그분을 힘입어서, 이기고도 남습니다. 나는 확신합니다. 죽음도, 삶도, 천사들도, 권세자들도, 현재 일도, 장래 일도, 능력도, 높음도, 깊음도, 그 밖에 어떤 피조물도, 우리를 우리 주 예수 그리스도 안에 있는 하나님의 사랑에서 끊을 수 없습니다."(롬 8:35-39) 할렐루야! 이것이 우리의 확실한 고백이 되기를 축복합니다.

사랑하는 성도 여러분, 아무리 험한 인생길이라도, 아무리 코로나가 우리를 위협해도, 우리의 선한 목자가 되신 주님은 그 골짜기를 통해 우리에게 더욱 가까이 다가오시며, 우리의 믿음을 더욱 견고하게 하시며, 희망과 빛의 길로 인도하십니다. 그러므로 우리는 어두운 골짜기에서도, 코로나의 고난과 위기 속에서도 두려움을 이기고, 목자이신 주님의 인도하심을 신뢰하며 넉넉히 통과할 수 있습니다. 우리의 인생에서 주님이 우리와 함께하심보다 더 든든한 것은 없습니다. 우리의 주님은 약속해 주셨습니다. "볼지어다 내가 세상 끝날까지 너희와 항상 함께 있으리라."(마 28:20)

우리의 주님을 향한 믿음과 신뢰를 더욱 두텁게 합시다. 누구나 지나야 할 어두운 골짜기가 있습니다. 골짜기를 피할 수는 없습니다. 그러나 우리와 함께하시는 주님을 믿고 신뢰할 때, 우리는 놀라운 은혜를 경험하게 될 것입니다. 골짜기에서도 믿음의 반응은 위대한 결과를 가져옵니다. 믿음으로 골짜기를 지나고 나면, 우리는 고지의 영광과 기쁨을 누리게 될 것입니다. 사망의 음침한 코로나 골짜기에서도 함께하시는 주님을 의지함으로 승리의 영광을 누리기를 축복합니다.

"사망의 음침한 골짜기로 다닐지라도 해를 두려워하지 않을 것은 주께서 나와 함께하심이라."

1. 사망의 음침한 골짜기를 만났던 경험을 떠올려 봅시다. 당신은 그 골짜기를 어떻게 지났습니까?

2. 주님을 따르는 삶이 고난을 피하는 삶일까요? 아니면 고난을 이기는 삶일까요? 이 질문이 고난을 보는 마음을 어떻게 바꿉니까?

3. 주님은 당신에게 삼인칭입니까? 아니면 이인칭입니까? 그렇게 생각하는 이유는 무엇입니까?

4. 로마서 8:35-39를 읽어 봅시다. 어두운 골짜기의 고난을 통과하고 이기기 위해 당신에게 가장 필요한 것은 무엇입니까?

5. 지금 자신의 가장 큰 어둠과 골짜기는 무엇입니까? 어떻게 맞설 수 있겠습니까?

안전합니다!
보호하여 주시니

1 여호와는 나의 목자시니 내게 부족함이 없으리로다 2 그가 나를 푸른 풀 밭에 누이시며 쉴 만한 물가로 인도하시는도다 3 내 영혼을 소생시키시고 자기 이름을 위하여 의의 길로 인도하시는도다 4 내가 사망의 음침한 골짜 기로 다닐지라도 해를 두려워하지 않을 것은 주께서 나와 함께 하심이라 **주의 지팡이와 막대기가 나를 안위하시나이다** 5 주께서 내 원수의 목전에 서 내게 상을 차려 주시고 기름을 내 머리에 부으셨으니 내 잔이 넘치나이 다 6 내 평생에 선하심과 인자하심이 반드시 나를 따르리니 내가 여호와 의 집에 영원히 살리로다.(시편 23:1-6)

'주께서 함께하심'의 확신에 찬 시인은 주님이 '지팡이와 막대기 로 안위하시다.'라고 노래합니다. '안위하신다.'라는 말은 '안전하 게 보호하고 보살펴 준다.'라는 뜻입니다. 목자가 양 떼를 인도할 때는 언제나 최소한의 장비만 갖추고 들과 산과 골짜기를 따라 양들을 인도합니다. 이때 목자가 가지고 다니는 장비는 지팡이와 막대기입니다.

지팡이

ㅣ

목자에게는 언제나 지팡이가 있습니다. 아마도 여러분은 목자가 지팡이를 잡은 그림을 많이 보았을 것입니다. 지팡이는 목자의 상징입니다. 다른 직업을 가진 사람은 지팡이를 가지고 있지 않습니다. 목자의 허리에는 막대기가 있고, 목자의 손에는 항상 지팡이가 들려 있습니다. 대부분 목자와 양의 그림을 보면 목자가 지팡이를 잡은 모습입니다. 목자의 지팡이는 길고 가느다란 나무로, 한쪽 끝이 갈고리 모양으로 둥글게 구부러져 있습니다. 목자는 자신의 몸에 딱 맞게 지팡이를 만듭니다. 이 지팡이는 오직 양을 돌보기 위해 고안된 것입니다. 목자는 언제나 지팡이를 짚고 양들을 살펴보며, 지팡이를 의지하여 힘든 길을 오르거나 오랫동안 서 있기도 합니다.

지팡이는 양을 인도하는 데 가장 요긴한 도구입니다. 양들을 툭툭 치면서 잘 따라오게 합니다. 양이 구덩이에 빠지면 목자는 지팡이로 건져 올립니다. 수풀에 걸려 있거나, 바위틈에 끼어서 스스로 빠져나오지 못할 때도 목자는 지팡이로 꺼내 줍니다. 목자는 손이 닿지 않는 곳에서는 언제나 지팡이를 내밀어서 양을 돌보고, 구해 내고, 건져 올립니다. 양들은 목자의 손에 들린 지팡이를 보면서 안정감을 가지며, 평안함을 누립니다. 목자의 손에 있는 지팡이가 자신들을 위기와 위험에서 건져 주고 이끌어 줄 것을 알기 때문입니다.

막대기

I

목자는 지팡이와 함께 늘 막대기를 가지고 다닙니다. 목자는 자기에게 꼭 맞는 지팡이와 막대기를 가지는 것에 자부심을 느낍니다. 막대기는 40㎝ 정도 되는 짧고 뭉툭한 나무입니다. 대체로 막대기는 나무 밑동의 뭉툭한 곳을 잘 다듬어 만드는 데 아주 단단합니다. 어떤 목동은 이 막대기 뭉툭한 곳에 쇠붙이를 붙이기까지 합니다. 목자들은 이 막대기를 허리에 차고 다닙니다. 요즘 목자들은 이 막대기 대신에 총을 가지고 다니는데 이 총을 가리켜서 영어로 '막대기'(rod)라고 합니다.

쉴 만한 물가로

목자들은 막대기를 잘 사용하기 위해서 많은 연습을 합니다. 목자들은 먼 거리에 목표물을 놓고 막대기를 던져서 맞히는 시합을 하기도 합니다. 노련한 목자는 십 미터가 되는 곳에 놓인 목표물도 정확히 맞힙니다. 목자의 손에 들린 막대기의 위력은 놀랍습니다. 목자들은 어떤 심각한 상황에서도 막대기로 자신과 양들을 위험으로부터 지켜 냅니다. 어떤 맹수라도 막대기를 맞으면 죽거나 도망칠 수밖에 없습니다.

양들을 위협하는 것은 이리나 늑대와 같은 맹수들도 있지만, 사실 가장 신경 쓰이는 것은 바로 뱀입니다. 맹수들은 눈에 보이기 때문에 쉽게 발견하여 쫓아 버릴 수 있지만, 뱀은 잘 보이지 않습니다. 그래서 목자는 양들을 뱀으로부터 보호하기 위해 늘 세심한 주의를 기울입니다. 뱀이 나타나면 목자는 막대기로 후려쳐서 죽입니다. 이렇게 목자는 막대기로 양을 지켜 줍니다.

고집스럽게 말을 듣지 않고 자꾸만 다른 길로 가는 양이 있다면 막대기로 따끔하게 양을 다스려서 길을 벗어나지 않도록 합니다. 그래도 양이 자꾸만 다른 길로 간다면 심지어 막대기로 양의 다리를 부러뜨리기까지 합니다. 그렇게 해서라도 양이 헛된 길로 가지 못하게 합니다. 양의 다리가 부러지면 목자가 고생합니다. 목자는 그 양을 안고 가야 하기 때문입니다. 이렇게 막대기는 양에게 목자의 사랑의 매가 되기도 합니다.

막대기는 목자의 권위와 능력과 방어와 훈련의 무기입니다. 막대기를 들고 있는 목자의 모습은 당당하고 위엄이 있습니다. 양들은 목자의 허리에 막대기가 있는 한 안전합니다. 어떤 맹수, 어떤 위기에서도 목자는 막대기로 양들을 구해 줄 것입니다. 또한 양들은 막대기를 보면서 정신을 바짝 차립니다. 그릇된 길로 가면 사랑의 매를 맞기 때문입니다. 이런 경험에서 시인은 사망의 음침한 골짜기로 다녀도 두려워하지 않는 것은 주님이 함께하시기 때문이며, 주님은 지팡이와 막대기로 보호하시고 지켜 주시며, 훈련해 주신다고 노래했습니다.

막대기 외에도 양을 보호하고 맹수를 공격하는 장비가 하나 더 있는데 바로 물매입니다. 물매는 다윗이 골리앗과 대결하여 승리하였을 때 사용하였던 바로 그 장비입니다. 물매는 고대 시대에 중요한 무기이기도 하였습니다. 성경에는 다윗 이야기 외에도 물매가 등장합니다. 유다의 웃시야 왕은 군대를 위하여 방패와 창과 투구와 갑옷과 활과 물맷돌을 준비하게 했습니다. (대하 26:14) 열왕기하를 보면 모압 사람을 칠 때 물매 꾼의 역할이 컸습니다. (왕하 3:24-25) 일반적으로 물맷돌은 자연석이 아니라 깎아서 만든 테니스 볼 크기만 한 것이었습니다. 빠르면 시속 100㎞로 날아가는 돌은 화살도 뚫지 못하는 갑옷에 충격을 주어 적을 죽이는 강력한 무기였습니다. 목자는 이 물매로 맹수를 물리치고 양들을 보호합니다. 양의 안전은 절대로 목자에게 달려 있습니다. 목자의 손에 잡힌 지팡이와 허리춤에 있는 막대기와 물매는 양을 보호하는 사랑과 돌봄과 훈련의 도구입니다.

지팡이로 보살피시는 주님

|

다윗은 주께서 "지팡이와 막대기로 안위하여 주신다."라고 노래합니다. 목자와 양의 관계에서 지팡이와 막대기가 사용되는 모습은 하나님이 우리를 인도하시고 보호하시는 모습과 매우 닮았습니다. 지팡이는 목자가 자기 양에 대해 가지고 있는 관심과 돌봄과 사랑의 상징입니다. 실제로 지팡이를 손에 들었던 이스라엘의 지도자를 그려 본다면 모세가 떠오릅니다. 모세는 지팡이 하나만 들고 이스라엘 백성들을 이집트에서 끌어냈습니다. 재미있는 사실은 이집트에 내린 열 가지 재앙 중에서 다섯 가지는 지팡이를 통해 나타났다는 점입니다. 광야에서 물이 없을 때는 지팡이로 바위를 치자 물이 솟구쳤습니다. 아말렉과 전쟁할 때는 지팡이를 잡은 모세의 손이 높이 올라갈 때 승리하였습니다.

선한 목자이신 주님은 지팡이로 우리를 인도하십니다. 그 지팡이는 구원의 지팡이요, 위로와 보호와 은혜의 지팡이입니다. 시편 40편에서 다윗은 노래합니다. "내가 간절히 주님을 기다렸더니, 주님께서 나를 굽어보시고, 나의 울부짖음을 들어 주셨네. 주님께서 나를 멸망의 구덩이에서 건져 주시고, 진흙탕에서 나를 건져 주셨네. 내가 반석을 딛고 서게 해주시고 내 걸음을 안전하게 해주셨네."(시 40:1-2)

이 시는 하나님의 손이 목자의 지팡이와 같이 구원의 은혜와 자비의 손임을 노래한 것입니다. 목자는 손이 짧으면 지팡이를 내밀어서 구해 줍니다. 그런데 하나님은 모세에게 이렇게 말씀하셨습니다. "나의 손이 짧아지기라도 하였느냐? 이제 너는 내가 말한 것이 너에게 사실로 이루어지는지 그렇지 아니한지를 볼 것이다."(민 11:23)

이사야서에도 같은 말씀이 있습니다. "내 손이 짧아서 너희를 속죄하지 못하겠느냐? 내게 힘이 없어서 너희를 구원하지 못하겠느냐?"(사 50:2) "주님의 손이 짧아서 구원하지 못하시는 것도 아니고, 주님의 귀가 어두워서 듣지 못하시는 것도 아니다. 오직, 너희 죄악이 너희와 너희의 하나님 사이를 갈라놓았고, 너희의 죄 때문에 주님께서 너희에게서 얼굴을 돌리셔서, 너희의 말을 듣지 않으

실 뿐이다."(사 59:1-2)

   그렇습니다. 하나님의 손이 구원의 지팡이입니다. 이 구원과 보호의 하나님의 손은 결코 짧은 적이 없습니다. 하나님은 우리가 놀라운 은혜와 자비의 지팡이인 주님의 손을 의지하고 신뢰하기를 원하십니다. 지팡이와 같이 위로와 품어 주시는 주님의 손길은 바로 성령님입니다.

   지팡이는 목자가 양들을 친밀한 관계로 끌어오는 역할을 합니다. 새끼가 갓 태어났을 때 목자는 지팡이로 새끼를 가만히 걸어 올려 어미 곁에 놓습니다. 목자의 손 냄새가 새끼에 묻으면 어미 양이 새끼를 거부할 수도 있기 때문입니다. 목자는 양들을 세밀히 살필 때도 지팡이를 사용합니다. 수줍어하는 양, 겁이 많은 양을 지팡이로 슬쩍 당기면서 목자에게로 끌어옵니다. 양과 목자의 친밀한 사랑과 교제가 지팡이를 통해 이루어집니다. 목자가 양의 몸에 지팡이를 대는 것만으로도 양들에게는 특별한 사랑의 표현이 됩니다.

   성령님은 우리에게 오셔서 하나님과 친밀한 교제를 나누게 하십니다. 우리를 위로하시며, 용기를 북돋워 주십니다. 또한 지팡이로 양을 인도하듯이 성령님은 우리를 그렇게 인도해 주십니다. 주님은 말씀하셨습니다. "진리의 영이 오시면, 그가 너희를 모든 진리 가운데로 인도하실 것이다."(요 16:13)

진리의 성령님이 우리를 인도하시며 안전하고 복된 생명의 길로 이끌어 주십니다. 양들이 위기에 빠지고 꼼짝할 수 없을 때 목자의 긴 지팡이가 구해 주듯이, 주님은 그렇게 우리에게 다가오셔서 구원하여 주시고, 곤경과 궁지에서 부드럽게 올려 주십니다. 말씀을 깨닫게 하시고, 하나님의 사랑을 경험하게 하십니다. 우리는 성령님을 통해 주님이신 그리스도와 만나게 됩니다. 성령님께서 우리에게 주님의 사랑과 애정을 느끼고 확신하게 해 주십니다. 주님의 지팡이 성령님이 함께하실 때 우리는 참된 평화와 안식과 고요함을 누립니다.

막대기로 훈련하시는 주님

|

지팡이가 목자의 부드러움과 따스함과 온화함과 사랑의 표현이라면, 막대기는 목자의 단호함, 엄격함, 위엄, 권위를 나타냅니다. 잠언의 지혜자는 말씀합니다. "주님은, 당신이 사랑하시는 사람을 꾸짖으시니, 마치 귀여워하는 아들을 꾸짖는 아버지와 같으시

쉴 만한 물가로

다."(잠 3:12) 히브리서에서도 말씀합니다. "주님께서는 사랑하시는 사람을 징계하시고, 받아들이시는 아들마다 채찍질하신다."(히 12:6)

우리를 위한 하나님의 막대기는, 곧 하나님의 말씀인 성경입니다. 지금 이 세상에 온갖 사상과 철학과 풍조와 이단과 사이비가 난무하지만, 우리를 이것들로부터 지켜 주시는 것은 진리의 말씀입니다. 하나님의 권세 있는 말씀이 우리를 지켜 주시고 보호해 주십니다. 어떤 혼란과 유혹과 영적인 위기 속에서도 주님의 말씀을 잡는다면, 우리는 하나님의 진리 안에서 안전합니다. 또한 주님은 우리를 말씀으로 징계하시고 훈련하십니다. 말씀은 우리의 죄를 깨닫게 합니다. 우리의 문제를 보게 합니다. 우리가 하나님의 유능하고 헌신 된 일꾼이 되는 것은 오직 말씀을 통해서입니다. "성경은 하나님의 사람은 유능하게 하고 온갖 선한 일을 할 준비를 갖추게 합니다."(딤후 3:17) 하나님은 언제나 말씀의 막대기로 우리를 보호하시고, 훈련하시고, 참된 은혜와 평화의 삶으로 인도하십니다.

하나님은 에스겔 선지자를 통해서 하나님의 백성들에게 이렇게 선포하셨습니다. "내가 너희를 목자의 막대기 밑으로 지나가게 하여, 너희의 숫자를 세며, 언약의 띠로 맬 것이다."(겔 20:37) 목자들은 양들을 하나씩 하나씩 막대기 아래로 지나가게 하면서 세심히 관찰하고 문제가 있는지, 다친 데가 없는지, 감염된 곳은 없는지 살핍니다. 이는 목자의 세심한 보살핌과 점검입니다.

우리도 언제나 말씀 아래에서 정기적인 검진을 받아야 합니다. 영적 건강검진을 받는 것입니다. 말씀 아래에 멈춰 서서, 말씀으로 내면을 비춰 보며 점검을 받아야 합니다. 다윗은 시편 139편에서 이렇게 노래합니다. "하나님, 나를 샅샅이 살펴보시고, 내 마음을 알아주십시오. 나를 철저히 시험해 보시고, 내가 걱정하는 바를 알아주십시오. 내가 나쁜 길을 가지나 않는지 나를 살펴보시고, 영원한 길로 나를 인도하여 주십시오."(시 139:23-24)

말씀을 통해 하나님의 인도하심을 받는 양은 행복하고 건강합니다. 코로나의 위기와 고난 속에서도 우리는 말씀을 통해 연단되고, 새로워지고, 성장합니다. 우리 정신 바짝 차리고 지금의 위기를 연단의 기회로 삼읍시다. 지금 우리가 말씀을 의지하지 않는다면 언제 말씀을 의지하겠습니까?

코로나의 위기와 위험 속에서도 주님의 친밀한 돌보심의 지팡이로 참 평안과 기쁨을 누리기를 축복합니다. 말씀의 능력과 깨우치심으로 훈련받고 승리하는 삶이 되기를 축복합니다. 기억하십시오. 우리는 주님께서 지팡이와 막대기의 사랑과 돌보심을 받는 주님의 양입니다. 다윗의 확신에 찬 믿음의 고백이 우리의 고백이 되기를 축복합니다.

"주의 지팡이와 막대기가 나를 안위하시나이다."

1. 목자가 양을 돌볼 때 지팡이와 막대기는 각각 어떤 역할을 합니까?

2. 목자의 지팡이와 막대기는 주님께서 우리를 돌보고 인도하시는 방식과도 깊이 연관되어 있습니다. 주님의 지팡이와 막대기는 각각 당신에게 어떤 역할을 합니까?

3. 우리의 믿음의 순례 여정에서 주님의 지팡이와 막대기가 필요한 이유는 무엇일까요?

4. 성령님이 당신을 위해 하시는 일을 묵상해 보십시오. 성령님을 모시고 순종하며 살아가기 위해 당신이 해야 할 일을 무엇입니까?

9

기쁩니다!
상을 차려 주시니

1 여호와는 나의 목자시니 내게 부족함이 없으리로다 2 그가 나를 푸른 풀밭에 누이시며 쉴 만한 물가로 인도하시는도다 3 내 영혼을 소생시키시고 자기 이름을 위하여 의의 길로 인도하시는도다 4 내가 사망의 음침한 골짜기로 다닐지라도 해를 두려워하지 않을 것은 주께서 나와 함께 하심이라 주의 지팡이와 막대기가 나를 안위하시나이다 **5 주께서 내 원수의 목전에서 내게 상을 차려 주시고 기름을 내 머리에 부으셨으니 내 잔이 넘치나이다** 6 내 평생에 선하심과 인자하심이 반드시 나를 따르리니 내가 여호와의 집에 영원히 살리로다.(시편 23:1-6)

이제는 시편 23편이 아주 친숙하게 가까이 느껴집니다. 눈을 감으면 시편이 떠오르고, 길을 가다가도 시편이 떠오릅니다. 마치 시편의 말씀이 살아서 우리의 손을 잡고 인도하는 것 같습니다. 지팡이와 막대기로 인도하시는 주님을 의지한 다윗은 "주께서 내 원수의 목전에서 내게 상을 차려 주시고 기름으로 내 머리에 부으셨으니 내 잔이 넘치나이다"라고 노래합니다. 우리는 목자가 여름이 되면 시원한 곳에서 풀을 뜯게 해 주려고 양을 이끌고 어둠의 골짜기를 지나 높은 곳으로 올라가는 모습을 보았습니다. 그러므로 오늘의 본문은 골짜기를 지난 후에 높은 곳에 이른 후에 목자가 베풀어 주는 기쁨의 잔치를 노래하는 것임을 상상해 볼 수 있습니다. 이 시간은 양에게 가장 평화롭고, 만족스럽고, 행복한 순간입니다.

목자는 풍성한 상을 준비하기 위해 모든 정성을 다합니다. 목자들은 고원지대에 있는 좋은 초원을 가리켜 '양들을 위한 식탁(table)'이라고 부릅니다. "내게 상을 차려 주시고"라는 구절은 더위를 피하여 고원지대로 이동한 양이 평화롭게 풀을 뜯는 기쁨의 광경을 노래한 것입니다.

준비된 잔칫상

|

목자가 준비한 '상'은 풍성한 잔칫상과 진수성찬의 식탁을 의미합니다. 이는 양이 누리는 최고의 식탁입니다. 여기서 중요한 것은, 목자가 양을 위해 풍성한 상을 준비한다는 점입니다. 목자는

쉴 만한 물가로

양이 고원지대에 오르기 전에 미리 이곳을 찾아와서 무더운 여름에도 양이 잘 지낼 수 있도록 양에게 필요한 것들을 준비해 놓습니다. 곳곳에 소금을 두어서 염분을 섭취하게 하고, 독초가 있는지 살펴서 제거합니다. 또한 물을 마실 곳을 깨끗하게 준비해 놓습니다. 목자는 양보다 앞서가서 모든 것을 준비하고, 다시 와서 골짜기를 따라서 양을 이곳으로 인도합니다. 양을 위해 세심하게 준비하고, 양이 만족하고 행복할 수 있도록 상을 차립니다.

우리에게도 마찬가지입니다. 주님은 우리의 목자가 되셔서 우리를 위해 풍성하게 준비하십니다. 마치 창조 때에 하나님께서 사람이 살 수 있는 가장 완벽한 환경을 준비하신 후에 사람을 맨 마지막에 지으신 것과 같습니다. 주님을 따르는 우리는 언제나 우리를 위해 풍성한 삶을 준비하시고 베푸시는 목자의 은혜와 사랑을 기대할 수 있습니다. 예수님은 말씀하셨습니다. "나는, 양들이 생명을 얻고 또 더 넘치게 얻게 하려고 왔다."(요 10:10) 선한 목자이신 주님은 우리가 생명을 얻고 더 넘치게 얻는 풍성한 삶을 위해 오셨습니다.

우리가 사망의 음침한 골짜기를 지날 때도 주님과 함께하기만 한다면, 주님은 마침내 우리를 풍성한 기쁨의 상으로 인도해 주십니다. 기독교 역사를 보면 성도들은 위기와 박해와 환란 속에서 주님의 예비하심과 풍성한 식탁을 소망하며 이겨냈습니다. 코로나의 위기와 어려움 속에서도 우리는 주님께서 우리를 위하여 놀라운 은혜와 기쁨을 예비하심을 바라보며 어려움을 이겨 낼 수 있습니다.

교제와 기쁨의 잔칫상

|

　주님이 준비하시고 베푸시는 상은 무엇보다 '교제와 기쁨의 잔칫상'입니다. 풍성한 상에서는 언제나 교제의 기쁨이 넘쳐납니다. 사도 요한은 말씀합니다. "우리는 여러분도 우리와 서로 사귐을 가지기를 바랍니다. 우리의 사귐은 아버지와 또 그의 아들 예수 그리스도와 함께 하는 사귐입니다. 우리가 이 글을 쓰는 것은 우리 서로의 기쁨이 차고 넘치게 하려는 것입니다."(요일 1:3) 그리스도인의 삶은 사귐의 삶입니다. 이 사귐을 그리스어로 코이노니아라고 합니다. 아름답고 친밀한 영적인 교제를 의미합니다. 참된 신앙생활의 중심에는 언제나 아름다운 교제가 있습니다. 교제의 중심에는 목자이신 주님이 계십니다.

　풍성한 식탁을 준비하고 차려 주시는 목자이신 주님은 우리를 잔칫상에 초대하셔서 우리와 깊은 교제의 기쁨을 나누기를 원하십니다. 신실한 성도들은 고난의 때에 주님의 준비하심과 주님과의 친밀한 교제의 잔칫상을 소망하였으며, 천국의 삶으로 기쁨이 완성된다고 믿었습니다. 그리고 그 믿음으로 고난을 이겼습니다. 그러나 그 기쁨은 단지 먼 미래가 아니라 고난의 현재에도 맛볼 수 있는 기쁨이었습니다. 요한 사도는 주님의 음성을 이렇게 기록했습니다. "보아라, 내가 문밖에 서서, 문을 두드리고 있다. 누구든지 내 음성을 듣고 문을 열면, 나는 그에게로 들어가서 그와 함께 먹고, 그는 나와 함께 먹을 것이다."(계 3:20) 주님은 친밀하고 기쁨이 넘치는 풍성한 교제를 준비하시는 선한 목자이십니다.

우리의 신앙생활의 기쁨은 친밀한 사랑의 관계와 교제로부터 옵니다. 우리가 모인 곳에는 주님이 함께하십니다. 그러므로 우리는 모일 때마다 생명의 주님과 교제하며, 주님을 중심으로 우리가 서로 교제합니다. 예수 그리스도의 사랑이 온전한 교제를 가능하게 합니다. 참된 믿음 생활은 혼자서는 불가능합니다. 우리가 서로 만나고 소통하고 교제하는 것이 믿음 생활의 핵심입니다. 주님의 잔칫상의 풍성함과 기쁨의 교제는 성찬의 식탁에서도 잘 드러납니다. 우리는 성찬을 통해 우리를 위해 자신을 생명의 떡으로 내어 주신 주님의 풍성한 십자가의 사랑을 기억하고 나눕니다. 우리는 말씀과 성찬을 통하여 주님과 교제하며, 한 식탁을 나눔으로 서로 교제합니다. 코로나의 힘겨운 상황 속에서 모임과 만남이 제한되다 보니, 우리의 마음이 점점 닫히고 있습니다. 하지만 우리는 온라인의 방식을 통해서라도 최선을 다해 사랑의 관계를 이어 가야 합니다. 교제가 신앙생활의 생명이기 때문입니다.

위로의 상

I

시인은 목자가 "원수의 목전에서" 기쁨의 상을 베풀어 주신다고 하였습니다. 양은 언제나 적의 공격에 노출되어 있습니다. 조금도 방심할 수 없습니다. 그러나 목자는 언제나 양을 안전하게 보호하고 지켜 주므로 준비된 상이 평안과 위로의 상이 되도록 인도합니다. 양들은 목자가 준비한 식탁의 자리에서 큰 위로를 받습니다. 골짜기를 지나온 어둡고 두려웠던 순간을 뒤로하고 참된 평안과 위로를 누립니다.

어떤 위기와 사탄의 공격에도 불구하고 주님은 결코 잔칫상이 원수의 공격으로 무너지지 않도록 지켜 주십니다. 어떤 악의 공격과 위기에도 주님이 베푸시는 풍성한 식탁의 기쁨과 교제는 빼앗기지 않을 것입니다. 우리는 주님의 보호하심 속에서 큰 위로와 용

쉴 만한 물가로

기와 희망을 얻습니다. 사도 바울은 이렇게 확신했습니다. "우리는 사방으로 죄어들어도 움츠러들지 않으며, 답답한 일을 당해도 낙심하지 않으며, 박해를 당해도 버림받지 않으며, 거꾸러뜨림을 당해도 망하지 않습니다."(고후 4:8-9) 사랑하는 성도 여러분, 우리도 바울처럼 온갖 위기 가운데서도 주님의 사랑 안에서 참된 위로와 평안을 누리기를 축복합니다.

기름 부으심

|

다윗의 노래는 계속됩니다. "내 머리에 기름을 부으셨으니 내 잔이 넘치나이다." 목자는 양의 머리에 기름을 붓습니다. 목자가 기름을 붓는 것은 부스럼 같은 피부병을 치료하고, 해충을 막기 위해서입니다. 양들은 서로 머리를 비벼대기를 좋아하는데, 그 과정에서 머리에 상처가 나고 피부병이 생기기 쉽습니다. 더군다나 무더운 여름에는 각종 파리와 모기와 각다귀 같은 해충이 양을 고통스럽게 합니다. 코 파리는 양의 코안에 있는 끈끈한 점막에 알을 낳습니다. 알을 까고 나온 유충이 양의 뇌로 들어가게 되면 양은 극심한 고통을 느끼며 날뛰거나 심지어 죽기까지 합니다.

하지만 목자가 준비한 기름(아마유와 유황과 타르를 섞어서 만든)을 머리와 코에 발라 주면 해충이 접근하지 못합니다. 불안하고 방해받던 양들은 평안하고 안전하게 식탁을 즐길 수 있습니다. 목자가 기름을 부을 때 양은 치료되고, 보호받습니다. 양은 건강하고 안전하게 여름을 보낼 수 있습니다.

주님은 우리에게 성령의 기름을 부어 주셔서 우리를 넘어뜨리려는 모든 유혹과 악의 세력으로부터 보호하시고 지켜주십니다. "우리를 너희와 함께 그리스도 안에서 군건하게 하시고 우리에게 기름을 부으신 이는 하나님이시니 그가 또한 우리에게 인치시고 보증으로 우리 마음에 성령을 주셨느니라."(고후 1:21-22) 목자가 양에게 기름을 바름으로 질병과 벌레로부터 예방하고 치료하는 것처럼, 성령의 기름 부으심으로 우리는 치유와 회복의 은혜를 누립니다.

"여러분 가운데 병든 사람이 있습니까? 그런 사람은 교회의 장로들을 부르십시오. 그리고 그 장로들은 주님의 이름으로 그에게 기름을 바르고, 그를 위하여 기도하여 주십시오."(약 5:14) 하나님은 지도자들과 성도들의 기도를 통해서도 치유하십니다. 기름을 바르며 기도하라고 하셨습니다. '기름을 바름'은 구체적인 의료행위이기도 하지만, 이것은 치유하시는 성령님의 기름 부으심의 역사를 의미하기도 합니다. 주님의 만지심과 기름 부으심이 우리를 새롭게 하고 회복하며, 상한 몸과 마음을 치유하고 상처를 깨끗하게 하시며, 강건케 해 주십니다.

"오직 성령이 너희에게 임하시면 너희가 권능을 받고 예루살렘과 온 유대와 사마리아와 땅끝까지 이르러 내 증인이 되리라."(행 1:8) 성령님의 기름 부으심이 있는 곳에 능력이 임합니다. 하나님의 능력이 성령님의 역사를 통해 드러납니다. 다윗이 능력 있는 삶을 살 수 있었던 것은 사무엘을 통해 기름 부으심을 받았기 때문입니다. 이 장면을 성경은 이렇게 전해 줍니다. "사무엘이 기름이 담긴 뿔 병을 들고, 그의 형들이 둘러선 가운데서 다윗에게 기름을 부었다. 그러자 주님의 영이 그날부터 계속 다윗을 감동시켰다."(삼상 16:13)

성령님의 기름 부으심이 있는 곳에 하나님의 영이 감동하며, 이때 우리는 승리의 삶을 향한 능력을 얻습니다. 하나님의 사람은 성령님의 능력으로 사명을 이룰 수 있습니다. 성령님이 우리 가운데 넘치게 임하실 때, 우리는 우리를 부르신 그 자리에서 주님의 영광을 선포하며, 승리의 길을 걸어갑니다. 성령의 기름 부으심만이 우리를 새롭고 바르게 세우십니다.

양의 기쁨과 평화와 능력은 목자에게서 옵니다. 코로나의 어려움 속에서도 목자이신 주님이 차려 주시는 사랑의 교제와 평화와 기쁨이 넘치는 삶을 누리기를 축복합니다. 위기와 고난의 상황일수록 우리 자신의 뜻과 방식을 내려놓고 주님을 바라봅시다. 우리의 꼼수를 버리고 주님을 의지합시다. 우리 한마음으로 용기를 냅시다. 주님이 차려 주시는 식탁의 기쁨을 바라봅시다. 성령님의 기름 부으심으로 고난 중에도 치유와 회복과 능력의 삶으로 나아가기를 축복합니다.

쉴 만한 물가로

1. 주님이 차려 주시는 '상'은 언제 누리는 상입니까?

2. 주님이 잔칫상을 준비하신다는 것이 당신에게 어떤 의미를 줍니까?

3. 주님이 준비하신 잔칫상의 여러 의미 중에서 당신의 마음에 가장 다가오는 것은 어떤 것입니까?

4. 주님의 '기름 부으심'이 당신의 삶에 어떤 기대와 희망을 줍니까?

1 여호와는 나의 목자시니 내게 부족함이 없으리로다 2 그가 나를 푸른 풀 밭에 누이시며 쉴 만한 물가로 인도하시는도다 3 내 영혼을 소생시키시고 자기 이름을 위하여 의의 길로 인도하시는도다 4 내가 사망의 음침한 골짜 기로 다닐지라도 해를 두려워하지 않을 것은 주께서 나와 함께 하심이라 주의 지팡이와 막대기가 나를 안위하시나이다 5 주께서 내 원수의 목전에 서 내게 상을 차려 주시고 **기름을 내 머리에 부으셨으니 내 잔이 넘치나이 다** 6 내 평생에 선하심과 인자하심이 반드시 나를 따르리니 내가 여호와 의 집에 영원히 살리로다.(시편 23:1-6)

선한 목자를 따르는 양은 두려워하지 않습니다. 안전합니다. 만 족합니다. 목자가 "원수의 앞에서 상을 차려 주시고, 기름을 부어 주시니" 양은 더 바랄 것이 없는 만족함과 행복함을 충만하게 누립 니다. 양이 누리는 최고의 만족함이 한 마디에 담겨 있습니다. "내 잔이 넘치나이다."

양이 만족하고 충만한 행복을 누리기 위해서는 몇 가지 조건이 충족되어야 합니다. 무엇보다 양은 적으로부터 안전하게 보호받음을 확신해야 합니다. 선한 목자는 지팡이와 막대기로 양을 지켜 줍니다. 또한 양은 신선한 풀을 넉넉하게 뜯을 수 있어야 합니다. 그러므로 목자는 풀밭에 눕게 하며, 여름에는 고원지대에서 상을 차려 주듯이 꼴을 공급하여 줍니다. 그뿐만 아니라 양은 물을 충분히 마실 수 있어야 건강하고 행복합니다. 양은 갈증을 채우지 못할 때 가장 힘들어합니다. 목자는 양에게 충분한 물을 제공해 줄 때 목자로서 자부심과 기쁨을 느낍니다.

우리는 앞에서 '잔잔한 물가'로 양을 인도하는 목자를 보았습니다. 그런데 이 표현은 넉넉한 물을 공급하는 것보다는 정서적인 안정과 평화로움을 묘사합니다. 반면에 "내 잔이 넘치나이다."라는 표현이야말로 물이 철철 넘치는 기쁨과 만족을 잘 드러냅니다. 목자에게는 언제나 양에게 물을 충분히 공급하는 것이 가장 큰 관심이고 고민입니다. 목자의 가장 큰 재산은 우물이었습니다. 필요한 곳에 우물을 얼마나 많이 가지고 있느냐에 따라 키울 수 있는 가축의 숫자도 결정되었기 때문입니다. 우물을 확보하지 못하면 양을 키우고 지킬 수 없었습니다. 그래서 창세기를 보면 아브라함과 롯의 목자들이 우물 때문에 다툰 이야기가 나옵니다. 당시에는 우물이 분쟁의 가장 중요한 목적이었습니다.

목자가 수원을 확보하여 언제든지 양에게 넉넉하게 물을 줄 수 있을 때, 목자와 양은 가장 만족스러운 기쁨을 누립니다. 그러므로 '내 잔이 넘친다.'라는 표현은 양에게 물이 부족함 없이 넘쳐흐르는 풍성함과 만족함을 그대로 드러냅니다. 그렇다면 주님이 목자이심을 고백하며 따르는 우리에게 '넘치는 잔'은 무엇일까요? 주님이 채워 주시는 잔은 무슨 잔일까요?

영혼의 빈 잔

Ⅰ

넘치는 잔을 노래한 다윗의 고백은 그의 삶이 깊은 갈증과 고통의 빈 잔이었음을 반증합니다. 사람은 누구나 인생의 텅 빈 잔을 가지고 있습니다. 부러운 것 없어 보이는 사람도, 인생의 텅 빈 잔을 붙잡고 갈증과 허망함에 무너지는 경우가 많이 있습니다.

성 어거스틴은 그의 「고백록」에서 텅 빈 영혼의 잔을 이렇게 표현했습니다. "하나님, 당신의 품에서 안식을 얻기까지 저에게는 쉼이 없었나이다." 인간은 그 깊은 내면에 영원에 대한 갈망을 가지고 태어납니다. 이 갈망은 세상의 무엇으로도 채워질 수 없습니다. 어거스틴은 만족한 인생을 위해 그가 할 수 있는 것은 모두 해보았습니다. 육체적인 쾌락은 물론 명예와 경제적인 성공과 세상의 행복을 위해 자신의 모든 것을 바쳐서 헤매었습니다. 그러나 성공의 추구는 모두 신기루일 뿐이었습니다. 순간의 만족은 썰물처럼 빠져나가고, 물거품처럼 사라지면서 그는 극심한 내면의 갈증을 느꼈습니다.

어느 날 정원에 앉아 인생의 갈증에 울부짖던 그에게 음성이 들렸습니다. "집어서 읽어라, 집어서 읽어라." 집안으로 달려 들어가 책상 위에 놓인 성경을 펼쳤을 때 그의 눈에는 로마서 13장 13절이 들어왔습니다. "낮에 행동하듯이, 단정하게 행합시다. 호사한 연회와 술 취함, 음행과 방탕, 싸움과 시기에 빠지지 맙시다." 이렇게 하나님을 만난 어거스틴의 텅 빈 잔은 드디어 채워지기 시작했습니다. 예수 그리스도의 사랑이 밀려 들어와 그를 품었고, 십자가의 사랑으로 죄가 씻겼고, 참된 안식과 참 평안히 밀려왔습니다. 그는 고백할 수 있었습니다. "내 잔이 넘치나이다."

그렇습니다. 넘치는 잔은 텅 빈 잔을 전제로 합니다. 우리의 인생이 텅 빈 잔임을 발견하고 인정할 때, 우리는 그 잔을 채우시는 주님을 만납니다. 그래서 마음이 가난한 자가 복이 있습니다. 주님은 모든 인생을 넘치는 잔으로 초대하십니다. "수고하고 무거운 짐 진 자들아 다 내게로 오라 내가 너희를 쉬게 하리라."(마 11:28) 주님의 이 초대가 우리 모두에게 복된 소식이 되기를 축복합니다. 우리의 영혼의 빈 잔을 주님께 겸손히 들어 올릴 때, 주님께 들려진 빈 잔은 가득 채워집니다. 우리의 빈 잔은 오직 주님만이 채우실 수 있습니다.

구원의 잔

I

넘치는 잔은 주님의 양들에게는 구원의 잔입니다. 다윗의 노래에는 어둠과 죽음의 골짜기를 지나면서 드러난 영혼의 빈 잔이 목자이신 주님이 마련하신 놀라운 구원의 잔으로 변화된 기쁨이 담겨 있습니다. 구원의 잔은 하나님이 베푸시는 은혜의 잔입니다. 당연하게 받는 것이 아니라, 수많은 곤경과 위기에서 목자의 돌보심과 사랑으로 받은 은혜의 잔입니다. 이 구원의 잔은 죄와 아픔과 파멸과 원수의 공격에서 벗어나 주님이 마련하신 영원한 생명을 누리는 잔입니다.

다윗은 그의 인생에서 죽음과 대면하는 극심한 고통과 조롱과 버림받음의 위기를 만났습니다. 그러나 그때마다 하나님은 사랑과 은혜의 손으로 다윗을 구원하시고 보호하여 주셨습니다. 죽음의 골짜기를 지나도록 지켜 주셨습니다. 골리앗의 위협 앞에서 승리를 주셨고, 사울의 창끝에서 구원해 주셨고, 자신을 의지하였던 교만의 죄에서 구원해 주셨습니다. 살인과 간음에 죽어 가던 영혼을 살려 주셨고, 아들의 반역의 화살 앞에서 구원해 주셨습니다. 그러므로 시편 23편에는 다윗이 하나님의 은혜로 구원받고 보호받은 그 놀라운 감격이 그대로 배어 있습니다. 사망의 골짜기를 지나 지팡이와 막대기로 인도하시고 구원하시고 보호해 주신 그 놀라운 구원의 기쁨이 담겨 있습니다. 마침내 정상에 올라서 누리는 잔은 넘치는 잔이며 은혜의 잔이며 구원의 잔이었습니다.

다윗은 시편에서 노래합니다. "내게 주신 모든 은혜를 내가 여호와께 무엇으로 보답할까? 내가 구원의 잔을 들고 여호와의 이름을 부르며 여호와의 모든 백성 앞에서 나는 나의 서원을 여호와께 갚으리로다."(시 116:12-14) 우리의 믿음 생활은 은혜와 구원의 잔을 감사하는 생활입니다. 우리의 예배는 감사입니다. 우리의 성찬도 감사입니다. 코로나의 위기와 두려움과 아픔 중에도 지팡이와 막대기로 우리를 인도하시며, 우리의 빈 잔을 채워 주시는 주님의 은혜와 구원을 의지하며 감사를 잃지 말기 바랍니다. 감사가 힘입니다.

기쁨의 잔

|

구원의 잔은 필연적으로 기쁨의 잔이 됩니다. 주님의 구원이 우리에게는 가장 큰 기쁨의 이유입니다. 다윗은 노래합니다. "나는 주님의 한결같은 사랑을 의지합니다. 주님께서 구원하여 주실 그때, 나의 마음은 기쁨에 넘칠 것입니다."(시 13:5) "기쁨은 오직 주님에게서 찾아라. 주님께서 네 마음의 소원을 들어주신다."(시 37:4) 그리고 다윗은 기도합니다. "주님, 내가 진심으로 주님을 우러러봅니다. 주님의 종의 마음을 기쁨으로 가득 채워 주십시오."(시 86:4)

선한 목자이신 예수님의 구원의 은혜를 받은 성도는 감사하고 기뻐합니다. 사도 바울은 기쁨의 복음서로 불리는 빌립보서에서 반복해서 말씀합니다. "나의 형제자매 여러분, 주 안에서 기뻐하십시오."(빌 3:1) "주님 안에서 항상 기뻐하십시오. 다시 말합니다. 기뻐하십시오."(빌 4:14) 우리의 기쁨은 주님에게서 옵니다. 기쁨의 원천은 주님이십니다. 기쁨은 성숙한 신앙인의 성품입니다. 성령의 열매는 "사랑과 기쁨과 평화"(갈 5:22)입니다. 하나님이 우리의 목자가 되셔서 인도하시고 준비하시고 보호하시고 공급하심을 믿고 주님을 의지한다면, 우리는 언제나 감사와 기쁨의 찬양과 예배를 드릴 수 있습니다.

고난과 문제가 없는 인생은 없습니다. 그러나 하나님께서 우리에게 주시는 기쁨은 세상이 주는 것과 달라서 어려움이나 고난에도 불구하고 누릴 수 있는 기쁨입니다. 우리 모두 이 기쁨을 맛보기를 축복합니다. 조용하게 자신을 돌아보며 생각해 보십시오. 주님이 목자 되심을 묵상해 보십시오. 목자이신 주님께서 다가오셔서 마음을 만져 주시고 새롭게 하시며, 격려하시고 기쁨을 회복시켜 주십니다.

사명의 잔

Ⅰ

넘치는 잔은 영혼의 빈 잔이 채워지는 구원의 감격과 기쁨을 의미합니다. 그러나 단지 기쁨을 누리는 것이 우리의 삶의 종점이 아닙니다. 마가복음 10장에는 야고보와 요한이 예수님에게 높은 벼슬자리를 부탁하는 장면이 나옵니다. 그런데 예수님은 그들에게 이렇게 말씀하셨습니다. "너희는, 너희가 구하는 것이 무엇인지를 모르고 있다. 내가 마시는 잔을 너희가 마실 수 있고, 내가 받는 세례를 너희가 받을 수 있느냐?"(막 10:38) 이 말씀에서 "내가 마시는 잔"은 무엇일까요? 그것은 바로 예수님의 고난과 십자가에서 돌아가심이었습니다. 이후에 예수님은 겟세마네 동산에서 이렇게 기도하셨습니다. "아버지여 아버지께서는 모든 것이 가능하오니, 이 잔을 내게서 옮기시옵소서 그러나 나의 원대로 마시옵고 아버지의 원대로 하옵소서."(막 14:36) 예수님에게 이 잔은 죽음의 잔이 있었고, 죽음의 잔은 예수님이 이 땅에 오신 목적이며 사명이었습니다.

성도인 우리는 '잔'을 말할 때마다 주님이 마신 바로 '그 잔'을 자연스럽게 떠올립니다. 우리는 성찬 예식을 행할 때마다 주님의 잔을 받습니다. 십자가의 고난과 죽으심이 예수님께 사명의 잔이었듯이, 우리도 사명의 잔을 받습니다. 우리에게 '넘치는 잔'은 '사명의 잔'입니다. 구원의 잔, 기쁨의 잔은 우리를 사명자의 삶으로 나아가게 합니다.

우리는 예배를 드릴 때마다, 주님의 은혜를 기억하며 사명자로 다시 서게 됩니다. 구원의 잔은 사명의 잔으로 부어집니다. 구원의 잔을 받은 우리는 가정에서 직장에서 학교에서 일터에서 사명자로 살아갑니다. 우리의 사명은 삶의 자리에서 신실하고, 정직하게 사랑과 섬김의 삶을 사는 것입니다. 교회인 우리는 사랑의 관계와 교제 안에서 그 삶을 서로 연습하고 훈련하고 실행합니다. 주님이 주시는 잔은 기쁨의 잔을 넘어 사명을 향해 부르시는 거룩한 잔이 됩니다.

사랑하는 성도 여러분, 지금 우리가 두렵고, 힘들고, 고통스럽고, 많은 도전과 위기의 상황 가운데 있지만, 사명의 잔을 피하지 말고 기꺼이 사랑의 삶에 헌신합시다. 우리가 고난을 넘어 진정으로 세상의 소망이 되기 위해 기꺼이 사명의 잔을 받읍시다. "내 잔이 넘치나이다!" 우리의 빈 잔이 은혜로 채워지고 구원의 기쁨이 넘쳐나며, 사명의 거룩한 잔으로 변화되기를 축복합니다. 목자가 베풀어주시는 은혜와 구원의 사랑에 대한 감격과 고백이 거룩한 삶의 사명을 향해 나아가는 헌신의 결단이 되기를 축복합니다.

"내 잔이 넘치나이다."

1. 양이 만족함과 행복을 누리기 위한 조건에는 어떤 것들이 있습니까?

2. 당신의 영혼의 잔은 비어 있습니까? 아니면 충만하게 넘쳐흐릅니까? 당신의 잔에 무엇이 채워지기를 기도하겠습니까?

3. '넘치는 잔'을 세 가지로 설명하였습니다. 그 세 가지는 무엇입니까?

4. 당신에게 세 가지의 잔은 각각 어떤 상황입니까? 채워져야 할 상태입니까? 아니면 넘쳐흐르고 있습니까? 계속해서 잔이 넘치기 위해 당신은 무엇을 어떻게 할 수 있겠습니까?

사모합니다!
언제나 주님과 함께 살기를

1 여호와는 나의 목자시니 내게 부족함이 없으리로다 2 그가 나를 푸른 풀밭에 누이시며 쉴 만한 물가로 인도하시는도다 3 내 영혼을 소생시키시고 자기 이름을 위하여 의의 길로 인도하시는도다 4 내가 사망의 음침한 골짜기로 다닐지라도 해를 두려워하지 않을 것은 주께서 나와 함께 하심이라 주의 지팡이와 막대기가 나를 안위하시나이다 5 주께서 내 원수의 목전에서 내게 상을 차려 주시고 기름을 내 머리에 부으셨으니 내 잔이 넘치나이다 **6 내 평생에 선하심과 인자하심이 반드시 나를 따르리니 내가 여호와의 집에 영원히 살리로다.**(시편 23:1-6)

오늘은 시편 23편을 함께 암송해 볼까요? 우리는 지난 10주 동안 시편 23편을 통해 하나님과 우리의 관계의 깊은 의미를 발견하였습니다. 하나님이 우리의 목자가 되심이 얼마나 놀라운 은혜이며 사랑인지 깨달았습니다. 오늘 우리는 6절을 살펴봅니다. 이 마지막 절은 시편 23편 전체의 결론이기도 합니다. 시인은 시편 23편을 분명하고 흔들림 없는 확신과 고백으로 마무리하고 있습니다. "내 평생에 선하심과 인자하심이 반드시 나를 따르리니 내가 여호와의 집에 영원히 살리로다."

시편 23편은 전체적으로 양의 하루의 일정을 나타내기도 하고, 1년의 여정을 나타내기도 합니다. 아침이 되면 목자는 양을 인도하여 푸른 풀밭과 물가로 이동합니다. 배부른 양들은 풀밭이나 시원한 곳에 누워 쉽니다. 그러다가 한낮이 되면 목자는 양들을 다른 곳으로 데리고 갑니다. 대개 건너편에 있는 언덕이나 산으로 가게 되므로 골짜기를 지나야 합니다. 이때 목자는 지팡이와 막대기를 사용해 양을 안전하게 바른길로 인도합니다. 이 골짜기를 지나 산에 오르면 새로운 풀밭이 펼쳐지고 풍성하게 넘치는 풀을 뜯고 물을 마십니다. 목자가 양을 지켜 주므로 어떤 원수(맹수)라도 양을 해할 수 없습니다. 해가 저물게 되면 목자는 양들을 데리고 집으로 돌아옵니다. 우리로 들여보내면서 한 마리씩 확인합니다. 상처 난 곳에는 기름을 발라 줍니다. 이제 양들은 우리 안에서 편안하게 쉽니다. 양들은 선한 목자의 인도와 돌봄으로 언제나 이 행복을 누릴 것을 확신합니다.

반면에 시편 23편을 1년 주기로 볼 수도 있습니다. 그동안 저는

1년의 주기로 시편 23편을 설교했습니다. 봄이 되면 날씨도 좋고 비도 내려서 풀이 풍성합니다. 푸른 풀밭과 쉴 만한 물가가 있습니다. 여름이 되면 건기가 되고 더워집니다. 그래서 목자는 여름 동안에는 양들을 데리고 높은 지대로 올라갑니다. 그곳으로 가려면 어둡고 깊은 골짜기를 지나야 합니다. 맹수도 만납니다. 그러나 목자는 지팡이와 막대기로 양들을 격려하고 보호해 줍니다. 다시 가을이 되고 첫눈이 날리면 목자는 양들을 데리고 원래 살던 집이 있는 곳으로 내려옵니다. 양을 세심하게 살피고 점검하면서 기름을 발라 주고 치료도 해 줍니다. 이렇게 양들을 이끌고 집으로 돌아오면 양들은 우리에서 겨울을 보냅니다. 목자의 선한 돌봄으로 언제나 평화를 누립니다.

온전한 신뢰와 확신

Ⅰ

"내 평생에 선하심과 인자하심이 반드시 나를 따르리니, 내가 여호와의 집에 영원히 살리로다." 이 구절에는 시편 23편에 나오는 유일한 부사가 있는데, '반드시'입니다. 그리고 히브리어 원문에서 6절은 '반드시'로 시작됩니다. '반드시'가 강조된 6절은 그 무엇으로도 흔들 수 없는 확신에 찬 고백이며, 온전한 신뢰의 선언임입니다. 다윗은 반드시 주님의 선하심과 인자하심이 함께하신다는 흔들림 없는 확신과 믿음을 고백하였습니다.

주님이 우리에게 베풀어 주시는 것은 선하심(토브)과 인자하심(헤세드)입니다. 야고보 사도는 "온갖 좋은 선물과 모든 완전한 은사는 위에서, 곧 빛들을 지으신 아버지께로부터 내려옵니다"(약 1:17)라고 말씀하셨습니다. 하나님으로부터 나오는 것은 선한 것입니다. 좋은 것입니다. 아름다운 것입니다. 하나님은 선한 목자이시기 때문입니다.

또한 인자하심은 긍휼과 은총과 사랑을 의미합니다. 하나님의 인자하심은 커서 하늘에 미칩니다. 목자를 따르는 양은 목자의 선함과 인자함을 경험하고 확신하게 될 때 참 평안과 만족함을 누립니다. 다윗은 주님의 사랑과 선하심이 평생토록 따른다고 하였습니다.

이 확신은 믿음의 순례길을 걷는 성도의 삶의 원동력입니다. 때때로 우리가 만나는 고난과 위기와 유혹으로 인해 우리의 믿음은 도전을 받고 시험을 받습니다. 건강을 잃게 될 때, 경제적인 어려움을 만날 때, 자녀의 길이 막힐 때, 인간관계가 어그러질 때, 소외되고 외로울 때, 그리고 지금처럼 모두가 감염병으로 위기와 환란을 당할 때…. 이때 우리의 믿음은 도전을 받습니다. 주님의 선하심과 인자하심에 대한 신뢰가 흔들리고 깨지기 쉽습니다. 우리는 죄에 빠지고 약하고 부족하지만, 주님의 선하심과 인자하심이 함께한다는 믿음과 신뢰를 버리지 말아야 합니다. 사랑하는 성도 여러분, 지금 코로나19의 위기와 고난 중에 우리가 할 일은 하나님이 우리를 사랑하시고 인도하심을 끝까지 신뢰하고 의지하는 것입니다. 우리가 주님을 신뢰할 수 있는 것은 어떤 상황에서도 모든 일이 협력하여 선을 이루심을 알기 때문입니다. (롬 8:28)

목자를 닮는 양

|

선한 목자를 신뢰하고 믿음으로 따르는 양은 목자를 닮습니다. 목자는 좋은 목초지가 사라지지 않고 양에게 계속해서 풀을 먹일 방법을 잘 알고 있습니다. 그것은 양을 한곳에 오래 머물게 하지 않는 것입니다. 양을 한곳에 그냥 내버려 두면 풀의 밑동까지 모두 먹어 버려 풀밭이 금방 황폐해집니다. 양은 이동하면서 풀을 뜯고 배설을 하는데 양에게서 나오는 배설물은 땅을 기름지게 만듭니다. 양의 배설물은 다른 어떤 가축의 배설물보다 훨씬 땅을 기름지게 만듭니다. 따라서 양이 지나간 곳에서는 이전보다 풀이 더 잘

자랍니다.

그뿐만 아니라 양은 다양한 풀을 먹는데 목초지를 망칠 수도 있는 엉겅퀴 같은 잡초의 꽃봉오리와 연한 순을 좋아하여 모두 먹어 버립니다. 양은 이렇게 목자를 따르면서 땅을 기름지게 만듭니다. 목자가 양에게 좋은 꼴을 먹이듯이, 양도 땅을 기름지게 만들고 좋은 목초지가 유지되게 합니다. 그런 연유로 고대 문헌에서는 양을 가리켜 '황금 발굽의 짐승'이라고 불렀다고 합니다. 목자를 잘 따르는 양은 땅의 토질까지 좋게 바꾸기 때문입니다. 목자를 잘 따르는 양에게서 선한 것이 나옵니다. 목자를 따를 때 양의 선함이 드러납니다. 선한 목자를 따르는 모든 양은 서로를 위해 유익한 결과를 만듭니다. 양이 지나가면 잡초가 사라지고 땅은 비옥해집니다. 이것이 목자를 닮은 양의 모습입니다. 좋은 양은 선한 목자를 닮아 은혜와 복을 가져옵니다.

우리가 주님을 잘 따르면, 우리는 주님을 닮습니다. 주님이 우리에게 베풀어 주신 그 사랑과 은혜를 누리며, 우리도 주님을 닮아 선한 열매를 맺습니다. 선한 주님을 따르면서 우리는 점점 좋은 양이 됩니다. 성경은 우리가 주님을 닮을 때 놀라운 열매를 맺는다고 말씀합니다. 그 열매는 사랑, 기쁨, 평화, 인내, 친절, 선함, 신실, 온유, 절제입니다. (갈 5:22) 어디 이것뿐이겠습니까? 우리가 머물다 떠난 자리에 남기는 것은 무엇일까요? 우리가 누군가를 만난 후에 그 사람에게 무엇을 남기고 있나요? 희망인가요? 관용인가요? 용서인가요? 겸손인가요? 배려인가요? 베풂인가요? 선한 목자를 온전히 따를 때 우리는 선하고 아름다운 유산을 남기는 유익한 인생이 됩니다.

아버지의 집을 사모함

|

이제 시인은 "내가 여호와의 집에 영원히 살리로다."라고 외치면서 시를 끝맺습니다. 집(베이트)은 오래 머물러 살 수 있는 평화롭고 안전한 안식처를 말합니다. 다윗은 여호와의 집, 곧 하나님의 집에 영원히 살기를 사모했습니다. 하나님의 집은 하나님이 거하심을 의미했던 구약 시대의 장막이나 성전(삼상 1:7, 왕상 8:11, 느 6:10, 마 21:13, 히 10:21)뿐만 아니라, 하나님이 임재하신 하나님의 백성들의 가족을(히 3:2, 5) 의미하기도 합니다.

또한 '여호와의 집에'라는 표현은 '여호와의 얼굴 앞에서'라는 뜻도 있습니다. 행복한 집, 행복한 가정은 가족이 서로 얼굴을 보며 사랑과 기쁨을 나누는 곳입니다. 이처럼 여호와의 집은 하나님의 얼굴을 뵙듯이 하나님과 깊은 사랑과 교제를 나누는 것을 의미합니다. 돈으로 집을 살 수는 있지만, 가정은 살 수 없다는 말이 있습니다. 돈으로 건물을 세울 수는 있지만, 하나님의 집은 돈으로 세워지지 않습니다. 우리의 가정과 교회가 행복하고, 평화롭고, 기쁨과 웃음이 넘치기 위해서는 하나님의 얼굴을 볼 수 있어야 합니다.

다윗은 항상 하나님의 집에 거하기를 사모했습니다. 하나님을 가까이서 뵈옵는 영광을 사모했다는 말입니다. 그래서 다윗이 그렇게도 바랐던 것은 하나님이 거하시는 성전을 세우는 것이었습니다. 비록 그 자신이 성전을 세우지 못하고 아들 솔로몬에게 넘겨주어야 했지만, 다윗은 언제나 하나님이 거하시는 곳에서, 그리고 하나님의 임재하심 가운데 기쁨과 평화와 감격을 누리는 삶을 사모하였습니다. 그런데 우리는 지금 그 성전이 되었습니다.

"여러분은 하나님의 성전이며, 하나님의 성령이 여러분 안에 거하신다는 것을 알지 못합니까? 누구든지 하나님의 성전을 파괴하면, 하나님께서도 그 사람을 멸하실 것입니다. 하나님의 성전은 거룩합니다. 여러분은 하나님의 성전입니다."(고전 3:16-17)

우리의 믿음 생활의 만족과 기쁨은 우리가 주님의 얼굴을 보는 것에 달려 있습니다. 하루가 저물면 양들은 목자를 따라 집으로 돌아와 편안한 우리 안에서 쉬듯이, 우리에게도 주님의 집 아버지의 품이 있습니다. 예수님은 말씀하셨습니다. "너희는 마음에 근심하지 말라. 하나님을 믿으니 또 나를 믿어라. 내 아버지 집에 거할 곳이 많도다."(요 14:1)

양을 이끌고 먼 길을 이동할 때 목자는 밤이 되면 들에서 야영합니다. 이때 양들이 흩어지지 않도록 잡목이나 돌로 임시 울타리를 만들고 그 위에 가시나무를 올려놓습니다. 그러면 양이나 맹수가 넘지 못합니다. 하지만 한 곳은 언제나 열려 있습니다. 양들이 드나들 수 있는 문입니다. 목자는 언제나 이 문을 지킵니다. 양이 나가지 못할 뿐만 아니라, 맹수가 들어오지도 못합니다. 이렇게 목자는 스스로 문이 됩니다. 지금도 베두인들은 야영하며 목축을 하는데 밤에 문을 지키는 목자는 다른 목자들에게 "내가 문이 될게."라고 말한다고 합니다. 그렇습니다. 목자가 문입니다. 이것을 알 때 예수님의 말씀이 새롭게 다가옵니다.

"내가 진정으로 진정으로 너희에게 말한다. 나는 양이 드나드는 문이다."(요 10:7). "나는 그 문이다. 누구든지 나를 통하여 들어오면, 구원을 얻고, 드나들면서 꼴을 얻을 것이다."(요 10:9) 예수님은 문을 통해 들어오지 않는 자를 도둑이며 강도라고 하셨습니다. 예수님이 우리의 선한 목자가 되심은 곧 우리를 위한 문이 되시는 것입니다. 주님이 우리 인생의 문이 되어 주시니, 우리는 그 문을 통해서 아버지의 집에 들어갈 수 있습니다. 주님이 문이 되시면 우리는 안전합니다.

우리는 예수님의 이름으로 세례를 받아 그리스도의 몸을 이루는 지체가 되었습니다. 우리는 예수님의 이름으로 영원한 집을 사모할 수 있습니다. 영원한 아버지의 집은 천국입니다. 문이신 예수님을 통하지 않고는 들어갈 수 없습니다. 우리는 그 천국을 이 땅에서 누리며 세워 갑니다.

대림절입니다. 대림절에는 두 개의 초점이 있습니다. 그것은 예수님의 탄생과 다시 오심입니다. 우리를 위해 양의 문이 되시려고 이 땅에 탄생하신 주님께 감사하고 예배하며, 오시는 주님을 사모하며 기다리는 절기입니다. 우리는 코로나로 두려움과 절망과 고통에 갇히고, 닫히고, 멈춘 이 세상에 주님 오셔서 생명과 희망으로 인도하시고 다스리시기를 기다립니다. 예수님의 다시 오심은 먼 미래가 아니라 바로 지금 이곳입니다. 우리 마음에, 가정에, 교회에, 세상에 오신 주님을 믿음으로 맞이합시다.

"나는 선한 목자이다. 나는 내 양들을 알고, 내 양들은 나를 안다. 그것은 마치, 아버지께서 나를 아시고, 내가 아버지를 아는 것

과 같다. 나는 양들을 위하여 내 목숨을 버린다."(요 10:14-15)

　주님은 우리를 위하여 목숨을 버리신 선한 목자이십니다. 우리가 선한 목자를 아는 것이 행복이고 생명입니다. 코로나의 환란 중에도 주님과 함께하는 삶을 사모합시다. 우리 모두 주님의 사랑 안에 영원히 거하며 사랑의 관계를 누리는 복된 성도가 되기를 축복합니다. 기억하십시오. 주님은 우리의 목자이시며, 우리는 주님의 양입니다.

　"내가 여호와의 집에 영원히 살리로다." 아멘.

1. 시편 23편을 암송해 봅시다. 맨 마지막 절에서 시인이 고백하는 확신은 무엇입니까?

2. 우리는 주님께서 우리에게 선하심과 인자하심을 베푸심을 신뢰하며 확신할 수 있습니다. 당신이 경험한 주님의 선하심과 인자하심은 무엇입니까?

3. 주님을 닮는 성도는 유익한 열매를 남깁니다. 당신은 어떤 열매를 남기고 싶습니까? 그 열매를 남기고 싶은 이유는 무엇입니까?

4. 주님과 함께함을 사모하는 당신은 어떻게 주님과 친밀한 교제를 나누고 있습니까?

5. 선한 목자이신 주님을 불러 보십시오. 그 품을 사모하십시오. 그 음성을 사모하십시오. 영원히 아버지의 집에 거하는 삶을 놓치지 마십시오.

닫는 글

1914년 12월, 탐험가 어네스트 섀클턴(Ernest Shackleton)은 인 듀어런스 호를 이끌고 미지의 세계로 출항하였습니다. 미지의 세 계는 바로 남극이었고, 출항한 곳은 남극권의 관문인 사우스 조지 아 섬의 포경기지였습니다. 그는 27명의 대원을 이끌고 1,600㎞ 이상을 항해하여 남극으로 향하였습니다. 그러나 탐험대원들은 목적지를 150㎞를 앞둔 상태에서 부빙과 빙붕에 간혔습니다. 영 하 70도의 추위와 때로는 시속 300㎞가 넘는 바람을 맞서야 했습 니다. 그런데 누구도 생존할 수 없는 환경 속에서 마침내 1916년 8 월 30일 한 명의 대원도 낙오됨이 없이 구조되었습니다. 인간의 상 상을 초월하는 역경을 이겨 낸 가장 위대한 생존 드라마는 그 어느 성공보다도 위대한 실패의 역사였습니다.

생존의 행군을 위해서는 모든 소지품을 버려야 했습니다. 그때 대원들에게 섀클턴은 시범을 보이면서 금화, 시계, 은 브러시 및 여행용 가방을 버렸습니다. 탐험 전에 알렉산드라 황태후가 선물 한 성경책도 버렸습니다. 하지만 성경에서 두 페이지는 뜯어내어 간직했습니다. 시편 23편과 욥기 38장 29절이 있는 페이지였습니다.

섀클턴은 훗날 시인 엘리엇(T. S. Elliot)의 〈황무지〉라는 시에 영감을 주었습니다. "항상 그대 곁에서 걷고 있는 제삼자는 누구인가? 세어 보면 그대와 나 둘뿐인데 내가 이 하얀 길을 내다보면 그대 곁엔 언제나 또 한 사람이."(캐롤린 알렉산더. 인듀어런스. 서울: 뜨인돌, 2002.)

당신 곁에서 걷고 있는 제삼자는 누구입니까? 당신 곁에는 언제나 함께하는 그분이 계심을 기억하십시오. 선한 목자, 우리의 주님 안에서 복되고 평화로운 삶 되기를 축복합니다.

주학선 목사

주 사랑

여 호와 하나님 내 목 자 되시네 내게 부 족함 없어 라 - 푸
(내) 영혼 살리고 바른 길로 이끄 니 해 를 두 려워 않으 리 - 주
(상) 차려 주시고 기름 부 으 시 니 내잔 이 넘치 나이 다 - 주

른 풀밭과 쉴만 한 물가로 나를 인 도해 주시 네 주
지 팡이와 주의 막 대기로 나를 보 살펴 주시 네
선 하심과 인자하심 따르리 내가 주 안에 살리 라

사 랑 사 - 랑 주 사 랑 깊고 크셔 라 -

사 랑 사 - - 랑 주 사 랑 깊고 크셔 라 내 라 주사
상

랑 깊고 크셔 라 주 님 을 사랑 합니 다

주원남·홍의종 공저. 「영성의 메아리」 영성형성아카데미. 2011. #61

쉴 만한 물가로

ⓒ 주학선, 2021

초판 1쇄 발행 2021년 3월 15일

지은이   주학선
펴낸이   주학선
편집   좋은땅 편집팀
표지디자인   백예솔
펴낸곳   리터지하우스
출판등록   제2011-000082호
주소   인천광역시 부평구 경인로 996번지
전화   032)528-1882

ISBN   978-89-969743-4-5 (03230)